Vorwort 7

Einleitung 8

Einführung 10

Wann beginnen? 11

Wo beginnen? 11

Wie beginnen? 11

Tennis – einst und heute 12

Ausrüstung 14
　Die Bekleidung 14
　Der Schläger 16

Zählweise 18

Platz 19
　Der Sandplatz 19
　Der Hartplatz 19
　Der Hallenplatz 19

3-S-System 20

Technik 22

Ausgangspositionen 22
　Bereitschaftsstellung 22
　Ausgangsstellung 22
　Häufige Fehler 23

Vorhandschlag 24
　Der Griff 24
　Der Schwung 26
　Die Ausholphase 28
　Die Schlagphase 30
　Die Ausschwungphase 31

Rückhandschlag 38
　Der Griff 38
　Der Schwung 41
　Die Ausholphase 42
　Die Schlagphase 44
　Die Ausschwungphase 45

Beidhändiger Rückhandschlag 50
　Der Griff 50
　Die Ausholphase 52
　Die Schlagphase 52
　Die Ausschwungphase 53

Ratschläge zum Selbstlernen 54

Slice 58
　Griff und Schlagstellung 59
　Der Schwung 59

Wissenswertes zum Slice für Turnierspieler 60
　Frühes Ausholen und Schlagtempo 60
　Der ideale Treffpunkt 60

Topspin 61
　Schlagstellung 61
　Der Griff 62
　Der Schwung 62

Wissenswertes zum Topspin für Turnierspieler 64
　Die veränderte Ausholphase 64
　Der veränderte Handgelenkseinsatz 65
　Die veränderte Schlagphase 65
　Die veränderte Ausschwungphase 65
　Das Schlagtempo 67
　Die frühe Ausholbewegung 67
　Tiefer unterer Bogen der Schleife 67
　Tiefes Beugen der Knie 67
　Der ideale Treffpunkt 68

Beinarbeit und Balance 71

Schlagstellung 72

Gerader Aufschlag 73
　Der Griff 73
　Die Ausgangsstellung 73

Inhalt

Der Ballwurf 73
Der Schwung 76
Die Ausholphase 78
Die Schlagphase 80
Die Ausschwungphase 81

Zweiter Aufschlag 84

Wissenswertes zu den Aufschlägen
mit Drall für Turnierspieler 86
Vergleich des Ballwurfes 87

Slice-Aufschlag 88
Der Griff 88
Der Ballwurf 88
Die Schwungphase 88

Twist-Aufschlag 90
Der Griff 90
Der Ballwurf 90
Die Schwungphase 90

Flugball 92
Der Griff 92
Die Bereitschaftsstellung 92
Die Ausholphase 94
Die Schlagphase 94
Die Ausschwungphase 95
Tiefer Flugball 98
Hoher Flugball 98

Halbflugball 100
Der Griff 100
Die Schwungphase 100

Schmetterball 102
Der Griff 102
Die Bereitschaftsstellung 102

Schmetterball im Stand 104

Schmetterball im Sprung 104

Lob 108
Der Griff 108
Der Schwung 108

Stopp 110
Der Griff 110
Der Schwung 110

Einsatz der Technik   113

Grundlinienspiel 113
Der sichere Grundlinienschlag 113
Cross – Longline 114
Der offensive Grundlinienschlag 115
Der erfolgreiche Passierball 115

Netzspiel 118
Der erfolgreiche Flugball 118
Der erfolgreiche Schmetterball 119

Aufschlag 120
Die Ausgangsstellung 120
Der Ballwurf 121

Return 122
Richtiges Verhalten auf
verschiedene Aufschläge 122

Einsatz der Taktik   124

Grundlinienspiel 124
Der sichere Grundlinienschlag 124
Der offensive Grundlinienschlag 126
Der Passierball 129
Der Lob 132
Der Stoppball 133

Netzspiel 134
Der Flugball 134
Der Schmetterball 137

Aufschlag 138
Der Einsatz des Aufschlages 138
Der gerade Aufschlag 140
Der Slice-Aufschlag 140
Der Twist-Aufschlag 142

Return 142
Einsatz des Returns 142
Der defensive Return 143
Der »normale« Return 143
Der offensive Return 144

Vorwort

Über 2 Millionen Menschen spielen zur Zeit im Deutschen Tennis Bund organisiert Tennis. Der einstige Elitesport ist längst zum Volkssport geworden, nicht zuletzt ein Verdienst von Steffi Graf, Boris Becker, Michael Stich und Co.

Was die Entwicklung der nächsten Jahre angeht, so wird es darauf ankommen, dass die Lücke, die die oben erwähnten Spielerpersönlichkeiten hinterlassen – nachdem sie sich auf ihr wohlverdientes »Altenteil« zurückgezogen haben –, von der jungen Garde möglichst bald geschlossen wird.

Tommy Haas, Nicolas Kiefer, Anke Huber und Co. sind ganz offensichtlich auf dem besten Weg dazu.

Es ist daher naheliegend, dass auch die Nachfrage nach erstklassigem Lehrmaterial steigt. Es hat sich zwar gezeigt, dass auch ein gutes Lehrbuch nicht den engagierten Trainer ersetzen kann, aber mancher Tennislehrer wäre wohl dankbar, wenn sein Schüler sich im Eigenstudium den einen oder anderen Bewegungsablauf einprägen würde. Dazu soll dieses Buch beitragen, das von Peter Scholl auf Grund seiner langjährigen Erfahrung sowohl als Leistungssportler (Davis-Cup-Spieler) als auch als Tennislehrer und -trainer von Davis-Cup-, Verbands- und Clubmannschaften mit viel Sachverstand geschrieben wurde. Peter Scholl ist der erste Tennislehrer, der vom Deutschen Tennis Bund mit dem »Hannes-Nüsslein-Pokal« (Trainer des Jahres) ausgezeichnet wurde (1995).

Mit den einprägsamen Grafiken, die den technisch einwandfreien Bewegungsablauf der einzelnen Grundschläge so wiedergeben, dass er gut verstanden und daher fast mühelos nachvollzogen werden kann, ist es für jeden hilfreich, der Tennis von Beginn an bestmöglich erlernen oder der sein Spiel verbessern will.

Darüber hinaus werden die im Wettkampftennis unverzichtbaren Spezialschläge, mit denen absichtlich Drall auf den Ball übertragen wird – Topspin- und Slice-Grundlinienschlag, Topspin- und Slice-Aufschlag – so ausführlich erläutert und beschrieben, dass auch der ehrgeizige Turnierspieler wertvolle Tipps erhalten wird. Das bezieht sich vor allem auch auf die Kapitel »Einsatz der Technik« und »Einsatz der Taktik«, wo bewusst darauf verzichtet wird, zwischen Technik bzw. Taktik für Anfänger und Turnierspieler zu unterscheiden.

Einleitung

Einleitung

Dieses Buch richtet sich sowohl an denjenigen, der sich gerade anschickt, Tennis kennenzulernen, als auch an den Fortgeschrittenen. Darüber hinaus findet auch der Turnierspieler interessante Anregungen zur Ergänzung seiner technisch-taktischen Fähigkeiten. Sachlich und klar wird gezeigt und beschrieben, wie man einen Schlag durchführen sollte – und wie nicht.

Sie lernen die kompliziert scheinende Zählweise kennen und erhalten Hinweise darauf, was Sie beim Kauf Ihrer Ausrüstung beachten sollten. Sie lesen, was man tun könnte, um ungetrübten Spaß am Tennis zu finden und wie Sie sich diesen auf Dauer erhalten können.

Schauen Sie auch rein in dieses Büchlein, wenn Sie den Ball schon ganz gut treffen, aber die Rückhand ständig verschlagen und der Geldbeutel die offensichtlich notwendige Trainerstunde nicht erlaubt. Es wird sicherlich den Lehrer nicht ersetzen, Ihnen aber vielleicht die Unsicherheit nehmen und Antwort geben auf viele Fragen, die den Tennisspieler ständig quälen.

Boris Becker, dreifacher Wimbledon-Sieger, der das deutsche Tennis an die Weltspitze führte

Einleitung

Einführung

Einführung

Stellen Sie sich vor, Sie stehen auf einem Tennisplatz, Ihrem Partner gegenüber. Etwa einen Meter hinter Ihrer Grundlinie beginnt bereits der nächste Tennisplatz usw. Es würde daraus eine Tennisplatzkette entstehen, die ca. eineinhalbmal um die ganze Erde reichen würde, wenn jeder deutsche Tennisspieler zur gleichen Zeit zum Einzelspiel auf einem der Regel entsprechenden Platz antreten würde. Sollte man das für möglich halten?

Tennis hat es geschafft!
Es hat sich von den Vorurteilen freigekämpft, mondän, privilegiert, teuer zu sein. Es hat sich bewährt als Sport, als Spiel, als faszinierende Freizeitbeschäftigung. Es hat sich – allen Unkenrufen zum Trotz – zum Hobby für jedermann gemausert. Jung und Alt, Männlein und Weiblein, Betuchte und weniger Betuchte schwingen ihren Tennisschläger.
Auch Sie hat es gepackt? Prima! Warum soll es Ihnen besser gehen als uns? Herzlich willkommen also in der großen Tennisfamilie.
Tennis – ein Modewort? Ein Schlagwort? Ein Zauberwort!

So lernt man Ball und Schläger kennen. Auf diese »Eingewöhnungsübungen« sollte kein Anfänger verzichten.

Wann, wo und wie?

Wann beginnen?

Fangen Sie morgen an. Jeder Tag, den Sie versäumen, wird Ihnen später leid tun. Nein, Sie sind mit 40, 50 oder 60 Jahren noch nicht zu alt. Sie brauchen ja nicht unbedingt Weltmeister werden zu wollen. Ob allerdings Ihr Kind schon mit 4 oder erst mit 10 Jahren beginnen soll, hängt davon ab, ob

- das Kind stark genug ist, einen (Kinder-)Schläger mit einer Hand am Schlägergriff so zu halten, dass das Handgelenk nicht nach unten abknickt,
- es von sich aus Lust hat zu spielen und nicht, weil die Eltern es so wollen.

Zwingen dürfen Sie Ihr Kind zum Tennis jedenfalls nicht, sonst wird es diesen herrlichen Sport niemals lieben lernen.

Wo beginnen?

Wer die Wahl hat, hat die Qual. Werden Sie Mitglied eines Clubs, wenn Sie Gesellschaft mögen, sich für Mannschaftssport interessieren, einer großen Tennisfamilie angehören wollen. Reservieren Sie sich Ihre Plätze auf der Mietanlage, wenn Sie in jeder Hinsicht frei und unabhängig bleiben wollen und einen gleichgesinnten Partner haben. Aber fangen Sie an. Den Club, die Anlage, den Verein wechseln können Sie auch später noch.
Also, hinein ins Vergnügen ...

Wie beginnen?

Richtig! Oder besser: so richtig wie möglich, und das heißt, lassen Sie sich Tennis von einem Trainer beibringen. Es macht sich bezahlt, hinterher, nach ein, zwei Jahren, wenn die Grundschläge einigermaßen gut beherrscht werden. Wenn Sie im anderen Falle Tennis nach der Do-it-yourself-Methode gelernt hätten und feststellen müssten, dass Sie nach anfänglichen Fortschritten »stehen geblieben« wären oder wenn der Klassenunterschied zu Ihrem Nachbarn, der gleichzeitig mit Ihnen angefangen hat, immer größer geworden wäre, »bloß«, weil er Trainerstunden nimmt oder genommen hat.
Lernen Sie von der Erfahrung anderer. Nehmen Sie jetzt, am Anfang, ein paar Trainerstunden, wenn möglich vom besten Trainer, den Sie bekommen können. Und wenn das nicht klappt, oder Sie es sich nicht leisten können oder wollen, dann lesen Sie dieses Büchlein noch sorgfältiger durch – vor allem die Seiten 54 ff. »Ratschläge zum Selbstlernen«.

Einführung

Tennis – einst und heute

Es war einmal vor vielen Jahrhunderten... Man kann in der Tat die Vorläufer des Tennis bis ins 11. Jahrhundert zurückverfolgen. Schon damals wurden Bälle über Netze geschlagen, mit der bloßen Hand, mit Leder geschütztem Arm und im 16. Jahrhundert bereits mit saitenbespannten Holzrahmen. Bis vor etwa 125 Jahren wurde »Tennis« ausschließlich in Hallen gespielt, weil die Bälle aus Leder, Stein, Kork oder Leinen auf »Naturboden« nicht sprangen. So gab es in Europa – vor allem an den Fürstenhöfen – Hunderte von Ballhäusern. Um 1600 standen allein in Paris 250 dieser »Tennishallen«, die dann mit der französischen Revolution wieder verschwanden bzw. zweckentfremdet wurden. Als nach der Erfindung des Kautschuk gegen 1850 die ersten Gummibälle verwendet wurden, konnte dieses Spiel endlich auch im Freien betrieben werden. So dauerte es auch gar nicht allzu lange (1874), bis ein Major der britischen Armee jenes Rasenspiel patentieren ließ, das alle als Tennis kennen. Die bis zum heutigen Tag kaum veränderten Spielregeln wurden 1877 festgelegt und zum ersten Wimbledon-Turnier vor über 120 Jahren erstmals angewendet.

In Deutschland hat man in Bad Homburg (1876) die ersten Bälle geschlagen, in Baden-Baden das erste Turnier

Tennis – einst und heute

gespielt (1884) und 1902 den Deutschen Tennis Bund (DTB) gegründet. Damals schlossen sich schon 280 (!) Clubs diesem Bund der Vereine an, einige mit nur einem Platz. Heute, fast hundert Jahre danach, zählt der DTB ca. 10.000 Vereine.
Die erste offizielle Mitgliederzahl aus dem Jahre 1906 weist 8.577 Spieler auf; es sind daraus weit über hundertmal so viel geworden, die organisiert einem Verein angehören. Tennis ist zum echten Volkssport geworden.

Warum allerdings Tennis zum »Weißen Sport« avancierte, ist nur zu vermuten. Viele der vor Jahrhunderten gebauten Ballhäuser waren innen schwarz gestrichen. Aus Kontrastgründen – so ist anzunehmen – trugen die Wettkämpfer weiße Kleidung, schlugen weiße Bälle. Das hat sich bis heute (fast) nicht geändert.

Einmal auf dem Centre-Court von Wimbledon zu spielen – davon träumt jeder Tennisspieler …

Einführung

Ausrüstung

Die Bekleidung

Die tennisgerechte Bekleidung ist zweckmäßig und bequem. Lassen Sie sich nicht von der Vielfalt des Angebots verwirren. Suchen Sie sich aus der bunten Palette das aus, was Ihnen und zu Ihnen passt. Dann werden Sie sich auf und außerhalb des Platzes wohlfühlen.

Blusen, Hemden und T-Shirts
Achten Sie darauf, dass diese weder zu eng sitzen noch an Ihnen herumflattern. Beides behindert die Bewegungsfreiheit. Wählen Sie schweißaufsaugendes Material.

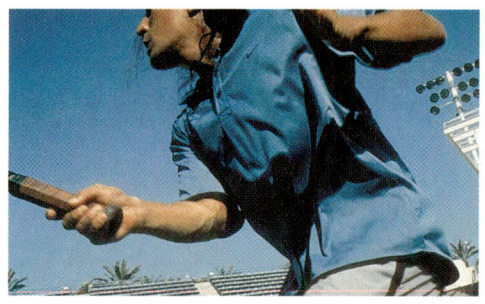

Rock und Shorts
Rock und Shorts sollten exakt passen. Sie dürfen nicht so eng sein, dass beim Einatmen Knöpfe abreißen, bei der Kniebeuge Nähte platzen. Auch nicht zu locker, da ständiges Zurechtrücken oder Hochziehen erheblich stört.

Pullover und Trainingsanzug
Sie gehören zur Ausstattung des Tennisspielers. Bei kühler Witterung, nach dem Match und vor allem zum Einschlagen benötigen Sie den Trainingsanzug. Er hält die Muskeln warm und beugt Verletzungen vor.

Ausrüstung

Schuhe

Sparen Sie nicht an den Schuhen. Suchen Sie sie besonders sorgfältig aus. Sie müssen optimal sitzen. Wählen Sie gut abgefüttertes, atmungsaktives Obermaterial mit einer elastischen, griffigen, für die jeweilige Platzoberfläche (Sand, Teppich, Hartplatz) geeigneten Sohle. Verletzungen durch abruptes Abstoppen werden so weitgehend verhindert.

Socken

Wählen Sie solche, die innen weich und schweißaufsaugend (Plüscheinlage), jedoch außen glatt sind, was die Reibung dämpft und somit Entzündungen und Blasen verhindert.

Kopfbedeckung

Tragen Sie eine Kopfbedeckung, evtl. mit Sonnenschild, wenn Sie gegen Sonne empfindlich sind. Wählen Sie eine, die in der Größe verstellbar ist. So kann sie problemlos Ihrer Kopfgröße und Ihrer Haartracht angepasst werden. Lange Haare werden am besten von einem Stirnband zusammengehalten.

Einführung

Der Schläger

Der wichtigste Ausrüstungsgegenstand ist der Schläger. Unendlich groß ist das Angebot der Rahmen. Da der Schläger Ihrer *Konstitution* und *Handgröße* entsprechen soll, muss Folgendes beachtet werden:

Der Schläger darf nicht zu schwer sein,
er würde Handgelenk und Armmuskulatur zu sehr belasten.

Der Griff darf nicht zu dick sein,
die Finger könnten ihn nicht fest genug fassen.

Der Griff darf nicht zu dünn sein,
er würde sich zu leicht in der Hand drehen.
Probieren Sie verschiedene Griffstärken aus. Die Finger sollen beim Zupacken bequem am Griff anliegen. Dabei sollte zwischen Daumenballen und Fingerspitzen etwa eine Daumenbreite Spielraum sein.
Kinder spielen normalerweise mit Griffstärke 1 bis 2, Damen mit 2 bis 3, Herren mit 3 bis 5.

Wichtig: Wählen Sie, wenn Sie anfangen, einen *leichteren Schläger*, da Sie diesen einfacher handhaben können.

Ansteigende Schlägergrößen vom speziellen Lernschläger für Kinder (links) bis zum Schläger für Jugendliche und Erwachsene

Ausrüstung

Besaitung
Die Stärke (Saitendurchmesser) und die Qualität der Saite sowie die Bespannungshärte beeinflussen die Ballkontrolle erheblich. Da die optimale Elastizität der Bespannung angestrebt wird, sollten diese Kriterien aufeinander abgestimmt werden.
Wählen Sie daher:

◯ **Keine zu dünne Saite,**
sie ist elastischer, aber nicht so widerstandsfähig und reißt schneller.

◯ **Keine zu dicke Saite,**
sie ist haltbarer, aber weniger elastisch.

◯ **Keine zu harte Besaitung,**
sie wirkt für Anfänger wie ein Brett; sie sollte dem guten Spieler vorbehalten bleiben.

◯ **Keine zu weiche Besaitung,**
mit »Hängematten« ist der Ball nur schwer kontrollierbar.

Mittelstark sollte daher Ihre Saite sein.
Mittelhart sollte Ihr Schläger bespannt werden, es sei denn, der Hersteller des Rahmens empfiehlt eine andere Besaitungshärte. Überlassen Sie extreme Abweichungen dem Spitzenspieler.
Lediglich die *Qualität* der Saite wird vom Preis bestimmt. Wählen Sie als Anfänger eine mittlere Preislage, da Sie den Qualitätsunterschied (noch)

Unterschiedliche Schlägerformen und Rahmenkonstruktionen: links eine »klassische« Form (rund-oval), daneben eine »isometrische« Form (eher eckig) und schließlich eine »long string«-Form (länglich-oval); rechts ein Normal- und ein Hochprofilrahmen im Vergleich.

Einführung

nicht zu Ihrem Vorteil umsetzen können.
Die Original-Ledergriffbänder sind unterschiedlich griffig. Erneuern Sie sie, wenn Ihnen der Schläger in der Hand »rutscht« oder verwenden Sie Zusatz-Griffbänder. Diese Bänder aus weichem Kunststoffmaterial gibt es heute von vielen Herstellern in unterschiedlicher Art und Qualität.

Zählweise

»Wie steht's?« – »5/3 im dritten und 30/15 – evtl. gleich Match-Ball«. Sicherlich haben Sie so etwas oder ähnliches schon gehört … und vielleicht nicht verstanden. Dabei ist die Zählweise eigentlich ganz einfach.
Um ein **Match** zu gewinnen, muss man zwei von höchstens drei, bei großen Turnieren drei von höchstens fünf Sätzen für sich entscheiden – letzteres allerdings nur als Mann.
Einen **Satz** gewinnt man, sobald man sechs Spiele für sich gebucht hat. In Zahlen ausgedrückt lautet das Satzergebnis 6/4, 6/3, 6/2, 6/1 oder 6/0. Gelingt es nicht, das sechste Spiel zu erkämpfen, bevor der Gegner das fünfte gewinnt, wird bis 6/6 weitergespielt. Dann tritt der Tiebreak in Kraft (siehe unten).
Ein **Spiel** ist dann siegreich beendet, sobald man vier Punkte für sich gutschreiben kann. Erreicht der Gegner drei Punkte, bevor man den vierten für sich entschieden hat, so wird solange weitergekämpft, bis einer zwei Punkte mehr erreicht als der andere.

Der einzelne **Punkt**, den man durch eigene Fehler oder Gewinnschläge des Gegners verlieren bzw. durch Fehler des Gegners oder eigene, erfolgreiche Schläge gewinnen kann, wird, im Unterschied zu anderen Ballspielen, 15, 30, 40 und Spiel gezählt. Der Spielstand von 40/40 wird mit Einstand bezeichnet, jeder weitere, vor Erreichen des Zwei-Punkte-Abstands erzielte Punktestand heißt Vorteil Aufschläger bzw. Vorteil Rückschläger. Der Spielstand, bei dem der Aufschläger zuerst genannt wird, kann demnach lauten: 15/0, 30/0, 40/0; 30/15, 40/15, 40/30 bzw. umgekehrt; 15/15, 30/30 und 40/40 bzw. Einstand. Wenn nach Einstand der nächste Punkt vom Aufschläger gewonnen wird, steht es Vorteil Aufschläger, andernfalls Vorteil Rückschläger.
Am Anfang Ihrer »Wettkampfkarriere« sind Sie Spieler und Schiedsrichter in einer Person. Alle Bälle auf Ihrer Platzhälfte entscheiden Sie. Tun Sie das klar und deutlich – und fair, selbst wenn's manchmal schwer fällt.

Tiebreak
Erreicht ein Satz den 6/6-Spielstand, wird der Tiebreak angewendet. Das 13. Spiel entscheidet den Satz. Dazu benötigt man 7 der 12 Tiebreak-Punkte; dann gewinnt man den Satz mit 7/6. Bei 6/6-Punktegleichstand muss man zwei Punkte mehr machen als der andere. Das Tiebreak-Spiel kann also 8/6, 9/7 usw. enden. Es wird nicht 15/0, 30/0, sondern 1/0, 2/0 usw. wie beim Tischtennis gezählt.

Platz

Platz

Tennis wird nahezu überall gespielt. Auf Gras, Asphalt, Beton, Sand, Zement, Lehm, Kuhmist (Indien), Parkett, Kunststoff, Teppich usw. Jeder Platz hat andere Spieleigenschaften, da die Bälle verschieden springen.

Der Sandplatz

Der »Sandplatz« hat eine (Dach-) Ziegelmehl-Oberfläche. Der Ball springt »normal« ab. Der Platz gilt als langsam, braucht Pflege (Platz abziehen, Spritzen bei Trockenheit usw.), schont aber Gelenke, Bänder, Sehnen und Muskeln, weil man auf ihm »rutschen« kann. 75 % der in Europa zu findenden Freiplätze sind Sandplätze.

Der Hartplatz

Er hat eine pflegeleichte Oberfläche, auf der der Ball – verglichen mit dem Sandplatz – meist flacher und schneller wegspringt. Manche Hartplätze strapazieren Gelenke und Beinmuskulatur (rutschen entfällt). Achten Sie auf geeignetes Schuhwerk.

Der Hallenplatz

Die am häufigsten verwendeten Hallenplatzbeläge sind Teppichboden (Velours, Nadelfilz u. Ä.) und Granulat. Sie beeinflussen die Beinarbeit unterschiedlich. Verwenden Sie deshalb unbedingt jeweils den für den entsprechenden Belag entwickelten Hallenschuh.

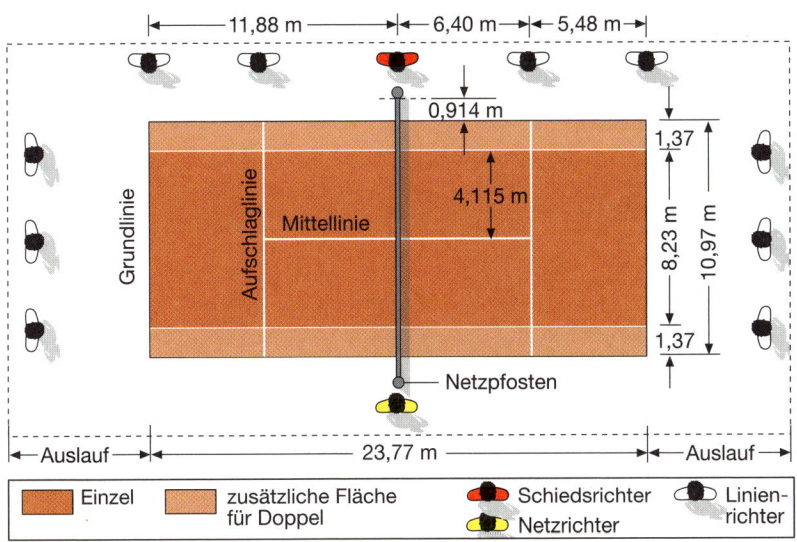

Einführung

3-S-System

Es gibt hunderterlei Gründe, warum man zum Tennisschläger greift, warum man bereit ist, stundenlang dem kleinen, gelben Ball nachzujagen. Vielleicht haben Sie sich darüber noch keine Gedanken gemacht. Vielleicht ist es auch gar nicht von Bedeutung, warum Sie Tennis spielen. Wichtig allein ist, dass Sie es tun. Und sie tun's, weil Ihnen Tennis – bewusst oder unbewusst – das bietet, was Sie von einem Hobby erwarten. Schauen Sie sich die Abbildung unten genau an. Es zeigt alles, was Tennis bedeuten sollte: Tennis sollte für alle, die es nicht beruflich betreiben, zu drei gleichen Teilen aus **Spaß**, **Spiel** und **Sport** bestehen.

Spaß
Freude haben, sich entspannen, Geselligkeit, lachen, sich mitteilen, sich amüsieren, Freunde finden …

Spiel
sich ablenken, sich zerstreuen, etwas unternehmen, Abwechslung, aktiv sein, Fehler machen, Punkte machen, spielen …

Sport
sich bewegen, fit bleiben, sich anstrengen, sich erproben, sich einordnen, kämpfen, verlieren, gewinnen fair sein …

3-S-System

Herrlich! – Also nichts Negatives? Wo bleiben all die grässlichen Dinge, die angeblich auch etwas mit Tennis zu tun haben sollen: sich drücken, mogeln, angeben, aufschneiden, schreien, Schläger werfen, verärgert sein, arrogant sein, intolerant sein, neidisch sein, ungerecht sein, rücksichtslos sein, enttäuscht sein, übervorteilt werden ...?

All dies Unerfreuliche, die Leistung verhindernde, den Spaß verderbende fehlt, es existiert nicht mehr für die Anhänger des »3-S-Systems«.

Auf diese Weise wird Tennis für alle, die diesen Sport betreiben, zur erholsamen Freizeitbeschäftigung, zur körperlichen Fitnesshilfe und zum Lifetimesport. (Das gilt übrigens auch für Leistungssportler.)

Ball ansehen

Damit unser »dreigeteilter« Ball (siehe linke Seite) die an ihn gestellten Erwartungen auch erfüllen kann, sollten Sie gleich zu Beginn Ihrer Tenniskarriere mit der wohl wichtigsten Maxime des weißen Sports konfrontiert werden: **Ball ansehen ...** Natürlich schaut jeder Spieler den Ball an, der auf ihn zukommt. Trotzdem ist das **nicht sorgfältige** Ansehen oft Ursache für schlecht getroffene Bälle. Warum? Weil der Spieler schon **vor** dem Ballkontakt zum Schlagziel blickt.

Da die Augen nicht allein zur Seite blicken, der Kopf sich vielmehr mitdreht und da der Kopf wiederum ein Teil des Oberkörpers ist, zu dem der Arm – sprich Schläger – gehört, zieht der frühe Blick vom Treffpunkt weg zum Schlagziel hin auch den Arm ein paar Zentimeter vom Treffpunkt weg: Der Ball wird nicht in der Schlägermitte getroffen!

Sehen Sie also hin zum Ball, **bis Sie fühlen, dass der Schläger den Ball getroffen hat.** Schauen Sie erst dann dem Ball dahin nach, wo er hinfliegt. Auf diese Weise werden Sie **alle Bälle sauber treffen!**

Technik

Technik

Ausgangspositionen

Ausgehend von einer Position an der Grundlinie beginnen Sie mit der Schlagvorbereitung bzw. bewegen Sie sich zur Schlagposition. Diese Position ist gleichzeitig Ausgangsposition und Erwartungshaltung und bietet bestmögliche Chancen zum Erreichen und Schlagen des unterschiedlich ankommenden Balles. Aufgrund der deutlich anderen Anforderungen bei normalem Ballwechsel einerseits und Return andererseits wird zwischen der **Bereitschaftsstellung** an der Grundlinie und der **Ausgangsstellung** zum Return unterschieden.

Bereitschaftsstellung

Nach dem Return erwarten Sie leicht federnd, die Beine etwa hüftbreit gegrätscht, den Rückschlag des Gegners an der Grundlinie. Die Knie sind leicht gebeugt, der Oberkörper ist etwas nach vorne geneigt. Das Körpergewicht liegt mehr auf den Fußballen und Zehen, so dass man gut nach allen Seiten starten kann.
Die Arme sind etwas angewinkelt. Die rechte Hand hält den Schläger, die linke unterstützt am Schaft. Der Schläger wird vor dem Körper gehalten. Die Schlägerspitze zeigt zum Gegner.
Kehren Sie nach jedem Schlag, federnd oder hüpfend, mit frontal zum Netz ausgerichtetem Oberkörper, so schnell wie möglich in die Bereitschaftsstellung zurück.

Ausgangsstellung

Stellen Sie sich so, dass Sie die Aufschläge Ihres Gegners mit Rück- und Vorhand gleich gut abdecken und zurückspielen können. Finden Sie heraus, ob Sie sich etwas hinter, auf oder gar vor der Grundlinie am wohlsten fühlen. Ihre Position kann sich je nach Gegner verändern!

Auch zum Return empfiehlt es sich, die Beine in Bewegung zu halten. Testen Sie, was Sie am besten in die gewünschte Schlagposition bringt: Hüpfen, Wippen oder die Gewichtsverlagerung von einem Bein auf das andere.

Ausgangspositionen

Häufige Fehler

Der Spieler steht stocksteif wie ein Zinnsoldat. In dieser Ausgangsstellung ist es ihm nicht möglich, optimal auf den Aufschlag zu reagieren. Return – Schwierigkeiten sind vorprogrammiert.

Die Füße stehen zu dicht nebeneinander. Der Spieler verliert so leicht die Balance, d. h., er hat Probleme, wenn er schnell nach links oder rechts starten will. Die Füße sollen daher schulterbreit auseinander stehen.

Trotz Hüftknick ist auch dieser Spieler nicht bewegungsbereit. Um schnell nach links oder rechts reagieren zu können, müssen die Beine im Kniegelenk gebeugt sein. Mit steifen Beinen kann man sich nicht abstoßen.

Technik

Vorhandschlag

Mit der Vorhand werden alle rechts von Ihnen aufspringenden Bälle geschlagen. Voraussetzungen für die **erfolgreiche Vorhand** sind:

- **der korrekte Griff** – die Art, wie Hand und Finger den Schlägergriff umfassen,

- **der korrekte Schwung** – die Art, wie der Schlag ausgeführt wird,

- **die korrekte Beinarbeit und Balance** – die Art, wie die Füße gesetzt, das Gewicht verlagert wird.

Der Griff

Hier werden die gebräuchlichsten Vorhandgriffe beschrieben. Minimale individuelle Abweichungen sind normal.

Wie Sie Ihren Vorhandgriff finden:
Der Schläger wird mit der linken Hand am Schlägerhals gehalten. Die Schlägerfläche steht senkrecht (Abb. 1). Die Handfläche der rechten Hand wird auf die Schlägerfläche gelegt. Beide Arme sind leicht angewinkelt (Abb. 2).
Die rechte Handfläche rutscht von der Schlägerfläche zum Schlägerschaft herunter bis zur rechten Breitseite des Griffes (Abb. 3). Die Finger werden um den Schlägergriff geschlossen (Abb. 4).

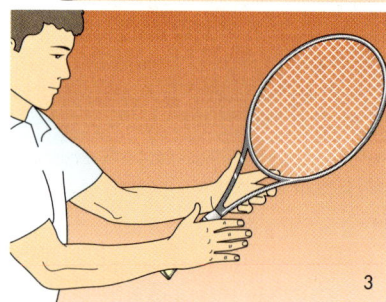

Vorhandschlag

Exakte Beschreibung des Vorhandgriffes

Die Finger fassen schräg nach vorne bequem den Schlägergriff; Daumen und 3 Fingerspitzen liegen an dessen linker Breitseite an. Der Daumen berührt den Mittelfinger.
Das Griffende des Schlägers schließt mit dem Handballen ab, der an der rechten Breitseite des Schlägergriffes anliegt (Abb. 1).
Mittel- und Zeigefinger berühren sich nicht. Der Zeigefinger ist abgespreizt, als ob er am Abzug einer Pistole läge. Die Handfläche umschließt die rechte Breitseite des Schlägergriffes (Abb. 2). Das Handgelenk ist zum Handrücken hin **leicht** abgeknickt (geöffnet)! Schläger und Unterarm bilden – von oben gesehen – einen stumpfen Winkel (siehe Abb. 3 sowie Seite 27).
Spieler, die ihre Vorhand eher als Topspin schlagen wollen (siehe S. 61), sollten ausprobieren, ob sie nicht einen **extremeren Vorhandgriff** verwenden sollten. Drehen Sie dazu die Handfläche etwas weiter nach rechts zur unteren Schmalseite des Schlägergriffes (Abb. 4). Allerdings kann es damit Probleme geben, wenn man situationsbedingt vom Topspin auf den normalen Schlag oder Slice (siehe S. 58) umsteigen will. Man muss daher ausprobieren, mit welchem Griff man den entsprechenden Schlag am besten durchführen kann.

Besonders wichtig: Halten Sie den Schlägergriff entspannt in der Hand. Nur unmittelbar vor dem Treffen des Balles kurzfristig fester zupacken.

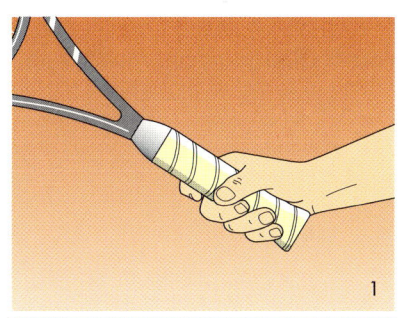

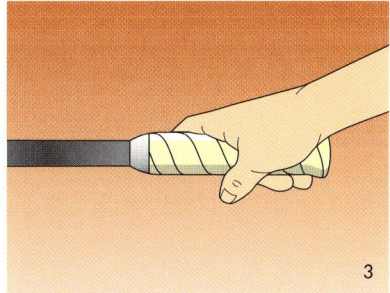
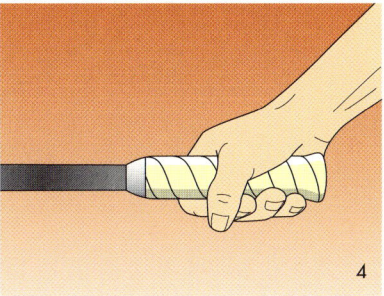

Technik

Der hier beschriebene Schlag ist der normale (fast gerade) Vorhandgrundschlag in seitlicher Schlagstellung. Der Ball erhält dabei nur wenig absichtlichen Vorwärtsdrall.

Der Schwung

Die häufigste Schwungbewegung hat die Form einer flachen Schleife. Man unterscheidet dabei zwischen
1. Ausholphase,
2. Schlagphase,
3. Ausschwungphase.

Trotzdem soll der Schlag kein abgehacktes Aneinanderreihen einzelner Aktionen sein, sondern eine fließende Bewegung. Dies betrifft vor allem den Übergang von der Schlagphase in die Ausschwungphase. Mit dem Treffen des Balles darf daher die Schlagbewegung keinesfalls abgestoppt werden! Verzögern, d. h. bewusstes Verlangsamen der Ausholbewegung unmittelbar vor Beginn der Schlagphase, kann sogar von Vorteil sein. Erst danach wird zum Treffpunkt hin voll beschleunigt. Die Schleife – vor allem der obere Bogen – kann **höher** oder **flacher** ausgeführt werden.

Selbst ein **direktes** Nach-hinten-Führen des Schlägers aus der Bereitschaftsstellung (siehe S. 27) ist eine Möglichkeit, den Schwung einzuleiten. Auch Spitzenspieler nehmen gelegentlich ihren Schläger so zurück, d. h. wenn die Bälle extrem schnell

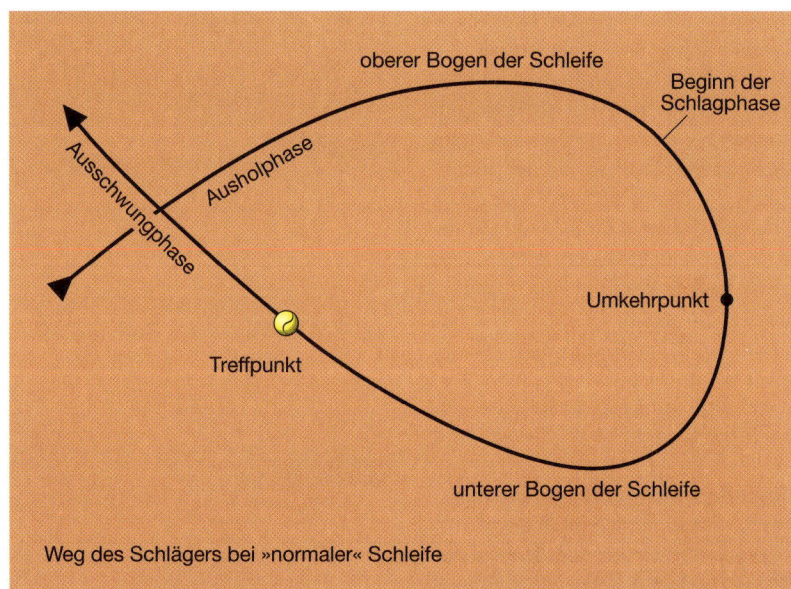

Weg des Schlägers bei »normaler« Schleife

Vorhandschlag

auf sie zukommen, z. B. zum Return gegen erste Aufschläge.
Wenn Sie also mit der »normalen« Schleife nicht zurechtkommen – vor allem wenn Sie Probleme haben, vom höchsten Punkt der Schleife **rechtzeitig** in den unteren Bogen einzuschwingen, um auch tatsächlich von **unten** an den Ball zu kommen –, dann sollten Sie die Ausholvariante ausprobieren, wie sie in der Grafik unten dargestellt ist.
Ausgehend von der Bereitschaftsstellung wird der normale Vorhandschwung in der **offenen** oder **seitlichen** (siehe Grafik rechts) Schlagstellung durchgeführt. Gute Beinarbeit und Balance sind dabei wichtige Hilfen, um in die entsprechende Schlagstellung zu gelangen.

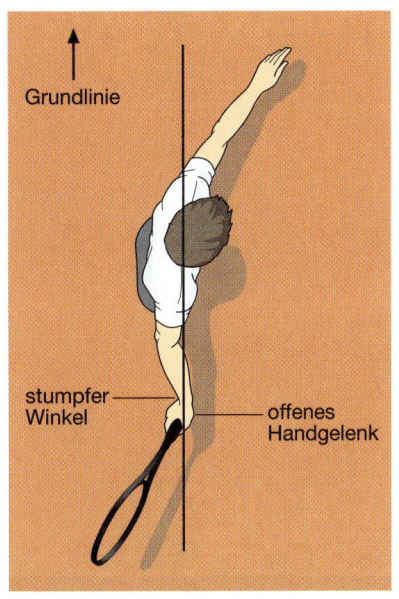

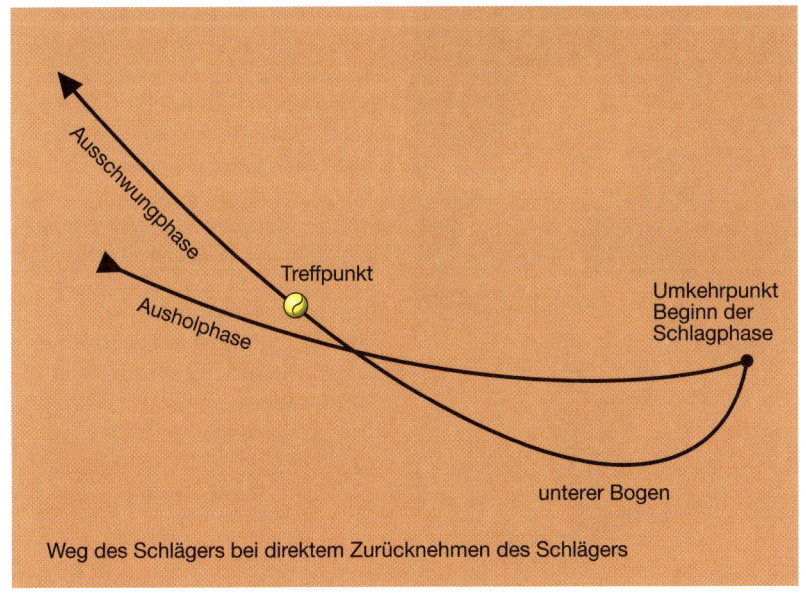

Weg des Schlägers bei direktem Zurücknehmen des Schlägers

Technik

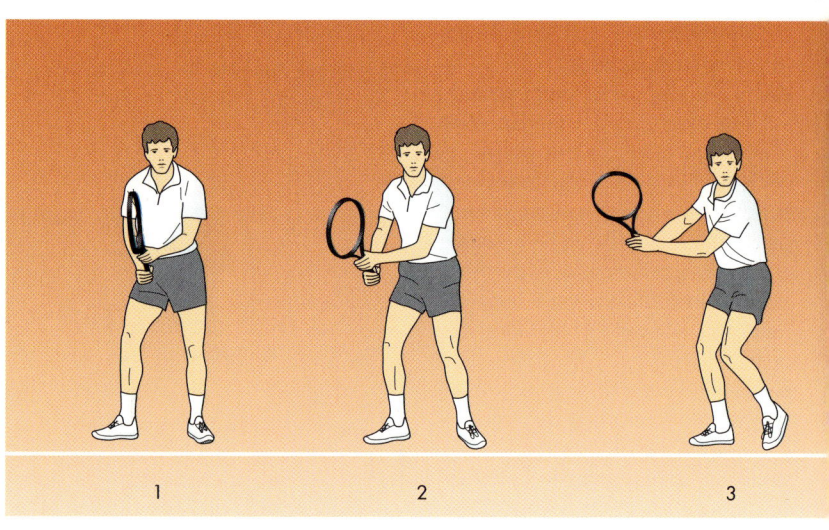

1 2 3

Die Ausholphase

Bereitschaftsstellung, Vorhandgriff
Ausgehend von der Bereitschaftsstellung wird das Körpergewicht kurz auf den linken Fuß verlagert. Dann macht der rechte Fuß auf der Ferse eine Drehung oder einen kleinen Schritt nach rechts (Abb. 1+2). Dabei dreht sich die linke Körperseite zum Netz, d. h. der Oberkörper nach rechts. Schieben Sie das Gewicht ganz auf den rechten Fuß, während Sie gleichzeitig Unterarm und Schläger leicht heben und zurückführen. Spätestens jetzt löst sich die linke Hand vom Schläger (Abb. 3).

Vorhandschlag

Der Schläger macht einen Bogen nach hinten-oben, analog der Schleife (die Höhe der Schleife ist individuell verschieden). Strecken Sie den linken Arm dem Ball entgegen, während der Schläger (bzw. der rechte Arm) locker den äußersten Punkt der Ausholbewegung (Wendepunkt der Schleife, siehe Grafiken S. 26, 27) erreicht. Öffnen Sie dabei das rechte Handgelenk (Abb. 4–6). Die rechte Ellenbogenspitze zeigt während der gesamten Ausholphase nach unten.
Machen Sie gleichzeitig mit dem linken Fuß einen Schritt in die beabsichtigte Schlagrichtung, dem Ball entgegen (Abb. 4+5). Die Füße sollten danach etwa schulterbreit auseinander sein.
Die gesamte Ausholbewegung verläuft ruhig, beginnt aber rechtzeitig, eher zu früh als zu spät!

Wichtig: Die Schlagstellung zur Vorhand kann situationsbezogen stark variieren. Je schneller die Schlagbewegung durchgeführt werden soll und je mehr ein Crossschlag geplant ist, desto offener wird sie sein. Die Schlaggenauigkeit kann darunter jedoch leiden (siehe dazu auch S. 72).

Technik

7 8 9

Die Schlagphase

Verlagern Sie das Körpergewicht auf den linken Fuß (Abb. 5–8). Schwingen Sie den Schläger nach unten (in den unteren Bogen der Schleife, d. h. unter den voraussichtlichen Treffpunkt) und weiter nach vorne-aufwärts in die gedachte Schlagrichtung (Abb. 9).
Die Schlägerspitze wird dabei erheblich beschleunigt.
Zur Unterstützung der Aufwärtsbewegung beginnen sich die Beine zu strecken.
Erst unmittelbar vor dem Treffpunkt dreht sich der Oberkörper in die frontale Stellung. Die von unten nach oben dem Ball entgegenschwingende Schlägerfläche trifft den Ball (Abb. 9) in angepasstem Abstand zwischen Körpermitte und linker Hüfte – in manchen Fällen noch etwas früher (abhängig vom Griff). Die Schlägerfläche steht dabei im doppelten Sinne senkrecht: einmal senkrecht zur gedachten Schlagrichtung, zum anderen senkrecht in Bezug zum Boden. Die Hand ist fest, aber nicht verkrampft um den Griff geschlossen. Das Körpergewicht ist vollständig auf den vorderen Fuß verlagert. Der linke Arm sorgt für ausgeglichene Balance. Das Auge fixiert den Ball.

Wichtig: Je dynamischer die Oberkörperdrehung eingesetzt wird, desto mehr wird der Schläger beschleunigt, der Ball schnell gemacht.

Vorhandschlag

Die Ausschwungphase

Schwingen Sie Schlagarm und Schläger nach dem Treffpunkt möglichst lange in die gedachte Schlagrichtung nach vorne-aufwärts. Dabei strecken sich die gebeugten Beine weiter. Durch den Schwung der Schlagbewegung wird der Oberkörper vollständig in die frontale Stellung gedreht (Abb. 9–11). Dadurch kann die Schlägerfläche freier und wesentlich länger hinter dem Ball herschwingen. Am Ende der Ausschwungbewegung kann die linke Hand den Schläger wieder aufnehmen, was dem Schlag die notwendige Kontrolle gibt.

Besonders wichtig: Die Geschwindigkeit des kompletten Schwunges sollte sich zum Treffpunkt hin kontinuierlich steigern. Dies bewusst exakt auszuführen ist recht schwierig. Vielleicht sollten Sie deshalb versuchen – auch Spitzenspieler tun dies! –, nach der früh angesetzten Ausholbewegung, also vor Beginn der Schlagphase, die Schwungbewegung etwas abzubremsen. Entsprechend ausgeführt, scheint das Racket, bevor es endgültig zuschlägt, für Sekundenbruchteile fast zum Stillstand zu kommen. Erst nach diesem »Verzögern« wird das Schlagtempo zum Treffpunkt hin endgültig beschleunigt.

Technik

Anna Kurnikowa in der Ausholphase zum aggressiven Vorhandschlag

Vorhandschlag

Der linke Arm in der Ausholphase

Die Bedeutung des linken Armes für einen korrekten Schwung wird oft auf so genannte »Balance«-Aufgaben beschränkt, d. h., man unterschätzt seine tatsächlichen Möglichkeiten gewaltig. Das Ausstrecken des linken Armes dem Ball entgegen zu Beginn der Ausholbewegung des Vorhandschlages ist nämlich keine »Eigenart« der guten Vorhandspieler, sondern eine eindeutige Hilfe, wenn nicht gar die Voraussetzung zum optimalen Schlag. Der möglichst **durchgedrückte** (wichtig) linke Arm bringt die linke Schulter nach vorne und sorgt dafür, dass der Oberkörper (auch bei offener, frontaler Fußstellung, siehe S. 72) vor dem Treffen des Balles seitlich ausgerichtet ist, so dass die Oberkörperrotation eingeleitet wird (Vorspannung). Achten Sie sorgfältig darauf, dass Ihr durchgedrückter linker Arm in der Ausholbewegung so dem Ball entgegengestreckt ist, als ob Sie diesen, unmittelbar bevor er von der Schlägerfläche getroffen wird, »weggrabschen« wollten. Dann haben Sie beste Voraussetzungen zum guten Vorhandschwung geschaffen.

Technisch einwandfreies Ausholen bei offener (Abb. S. 32) bzw. seitlicher Schlagstellung (Abb. unten). Beide Male zeigt der linke Arm auf den Ball.

Technik

Auch Steffi Graf bedient sich hier des erwähnten »Ausschwung-tricks«.

Vorhandschlag

Der linke Arm in der Ausschwungphase

Auch nach dem Treffen des Balles kann der linke Arm noch erheblich dazu beitragen, die Qualität der Vorhand zu beeinflussen. Da naturgemäß nach dem Ballkontakt der Schlag als beendet betrachtet wird, besteht die verständliche Tendenz des unerfahrenen Akteurs, die Ausschwungbewegung zu früh zu beenden. Außerdem neigen viele Spieler dazu, vor allem beim Versuch, den Ball schnell zu machen, den Schlägerkopf direkt zur linken Schulter hin auspendeln zu lassen. In beiden Fällen wird die Kontrolle über die Schlagrichtung und -länge beeinflusst.

Versuchen Sie daher, den Schläger, nachdem der Ball getroffen ist, locker nach oben in Ihre linke Hand auszuschwingen (siehe Abb. S. 34). Sie schaffen mit diesem »Trick« – das Festlegen des genauen Ausschwungzieles vor dem Ballkontakt – die optimale Voraussetzung zum exakten Treffen des Balles, was nicht zuletzt auch der Schlagsicherheit zugute kommt.

Nicolas Kiefer trifft hier seinen Vorhandschlag optimal.

Vorhand richtig

Nur wenn die Beine im Kniegelenk vorbildlich gebeugt sind, können sie die Aufwärtsbewegung des Schlages unterstützen, d. h., die Schlägerfläche kann locker von unten nach vorne oben schwingen, auch gegen sehr flach herankommende Bälle.

Hier wurde das Körpergewicht zum Treffpunkt voll auf den linken, vorderen Fuß verlagert. Die Schlagbewegung wurde dadurch unterstützt. Der Ball wird schneller und kann genauer platziert werden.

Optimales Verlagern des Körpergewichtes in den Schlag ermöglicht freies, lockeres Ausschwingen: wichtig für die Ballkontrolle.

Vorhand falsch

Die Knie sind durchgedrückt, die Beine dadurch steif; die Unterstützung der Schlagaufwärtsbewegung fehlt. Der Spieler hat demnach trotz Hüftknick Probleme, vor allem mit tieferen Bällen. Er trifft sie nicht sauber, macht unnötige Fehler, da er zum Ausgleich das Handgelenk nach unten kippen muss.

Das Gewicht bleibt während der Schlagbewegung auf dem rechten Fuß. Der Ball ist dadurch schwer zu kontrollieren, denn Gewichtsverlagerung und Schlagbewegung sind entgegengesetzt gerichtet.

Das Körpergewicht wurde nicht nach vorne in den Schlag verlagert. Der Spieler hat erhebliche Probleme mit der Präzision des Schlages.

Technik

Rückhandschlag

Mit der Rückhand werden alle links von Ihnen aufspringenden Bälle zurückgeschlagen. Voraussetzung für die erfolgreiche Rückhand sind:

 der korrekte Griff,

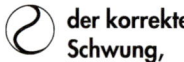 der korrekte Schwung,

 die korrekte Beinarbeit und Balance.

Der Griff

Hier werden die der gebräuchlichsten Rückhandgriffe beschrieben. Minimale individuelle Abweichungen sind normal.

Wie Sie Ihren Rückhandgriff finden:
Der Schläger wird mit der linken Hand am Schlägerhals gehalten (Abb. 1). Die Schlägerfläche steht dabei senkrecht.
Halten Sie zunächst den Schläger mit dem Vorhandgriff (siehe S. 24). Die linke Hand unterstützt weiterhin am Schlägerhals (Abb. 2).
Die rechte Hand wird jetzt so weit nach links um den Schlägergriff gedreht, bis der Schläger von oben gesehen die geradlinige Verlängerung des Unterarmes bildet (siehe Abb. 3 S. 39).

Vom Vorhand- zum Rückhandgriff oder umgekehrt kommt man, so wie hier, durch **Umgreifen**. Nach einer gewissen Zeit des Übens verläuft dieser Prozess im Unterbewusstsein automatisch ab. Wählen Sie für die Bereitschaftsstellung den Griff des Schlages, der Ihnen eventuell Schwierigkeiten macht (siehe dazu S. 144).

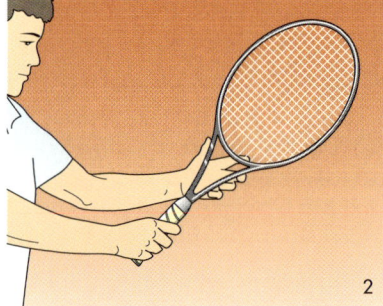

Rückhandschlag

Exakte Beschreibung des Rückhandgriffes
Die Finger liegen schräg nach vorne bequem um den Schlägergriff und an seiner unteren Fläche an. Der Daumen liegt an der linken Breitseite des Schlägergriffes und berührt den Mittelfinger (Abb. 1).

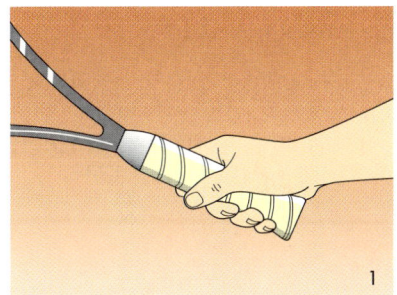

Mittel- und Zeigefinger berühren sich nicht. Der Zeigefinger liegt an der rechten Breitseite des Schlägergriffes an. Die Handfläche umschließt die obere Schmalseite des Schlägergriffes (Abb. 2).

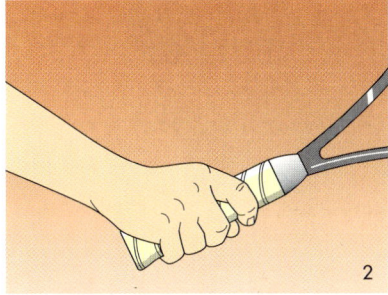

Der Schläger ist die direkte Verlängerung des Armes. Unterarm, Hand und Schläger bilden, von oben gesehen, eine Gerade (Abb. 3).

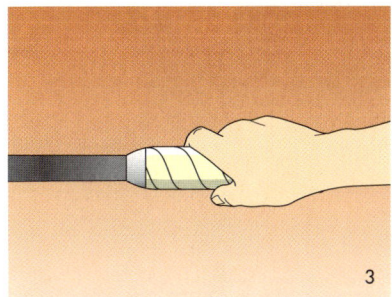

Spieler, die ihre Rückhand eher als Topspin schlagen wollen (siehe S. 61), sollten ausprobieren, ob sie nicht mit einem **extremeren Rückhandgriff** besser zurechtkommen. Zu diesem Griff dreht die Handfläche noch mehr nach links (von oben gesehen) und liegt auf den oberen Seiten des Schlägergriffes auf. Der Daumenballen rutscht ebenfalls weiter bis auf die linke Breitseite (Abb. 4).
Auch hier können Schwierigkeiten mit dem Slice auftreten, die sich aber durch Umgreifen beheben lassen. Aber wie gesagt: Ausprobieren!

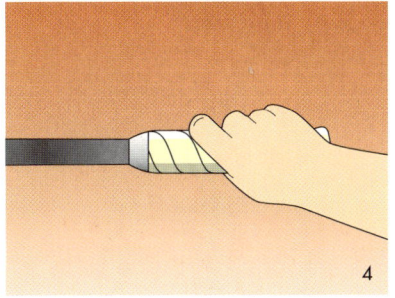

Technik

Auch Weltklassespieler wie Tommy Haas halten sich an die technischen Grundprinzipien: korrekter Griff – exaktes Ballansehen – rechtzeitige Schlagvorbereitung – einwandfreie Gewichtsverlagerung.

Rückhandschlag

Der Schwung

Der hier beschriebene Schlag ist der normale (fast gerade) Rückhandgrundschlag. Der Ball erhält dabei kaum absichtlichen Drall.
Die häufigste Schwungbewegung hat die Form einer flachen Schleife. Man unterscheidet dabei zwischen

1. Ausholphase,
2. Schlagphase,
3. Ausschwungphase.

Trotzdem soll der Schlag kein abgehacktes Aneinanderreihen von einzelnen Aktionen sein, sondern eine fließende Bewegung.

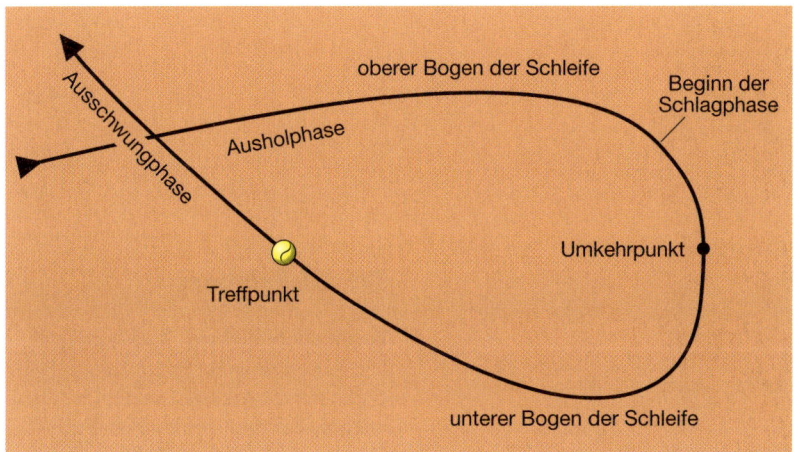

Ausgehend von der Bereitschaftsstellung (siehe S. 42 Abb. 1) – die Schultern stehen parallel zur Grundlinie – wird der korrekte Rückhandschwung in der linken seitlichen Schlagstellung durchgeführt. Die rechte Rückenhälfte (siehe rechts und S. 43 Abb. 4–6) zeigt in der Ausholphase zum Netz. Gute Beinarbeit und Balance sind dabei wichtige Hilfen, um in diese Seitstellung zu gelangen.

Technik

Die Ausholphase

Bereitschaftsstellung, Rückhandgriff
Die Ausholbewegung wird eingeleitet durch kurzes Verlagern des Körpergewichtes auf den rechten Fuß (Abb. 1). Dann macht der linke Fuß auf der Ferse eine Drehung oder einen kleinen Schritt nach links (Abb. 2). Das Gewicht wird auf den linken Fuß verlagert, während gleichzeitig Unterarm und Schläger leicht gehoben und zurückgeführt werden. Dabei dreht sich der Oberkörper nach links, die rechte Schulter zum Netz. Die linke Hand unterstützt den Schläger (Abb. 3+4).

Rückhandschlag

Der Schläger macht einen flachen Bogen nach hinten oben, analog der Schleife (Grafik S. 41). Der Oberkörper dreht sich weiter als bei der Vorhand und zwar so lange, bis die rechte Rückenhälfte zum Netz zeigt (Abb. 5). Der rechte Fuß macht gleichzeitig einen Schritt dem Ball entgegen (Abb. 4–6). Die Füße sollten danach wenigstens schulterbreit auseinander sein. Die gesamte Ausholbewegung verläuft ruhig, beinahe langsam. Auch zum Rückhandschlag kann – analog der Vorhandausholbewegung, siehe S. 26/27 – der Schwung durch direktes Nach-hinten-Führen des Schlägers eingeleitet werden.

Besonders wichtig: Holen Sie rechtzeitig aus, lieber zu früh als zu spät. Spätes Ausholen führt zu hastigen Schlägen und zerstört den Rhythmus (siehe auch S. 31).

Technik

Die Schlagphase

Mit Beginn der Schlagbewegung wird das Körpergewicht auf den rechten Fuß verlagert (Abb. 7+8). Die linke Hand löst sich vom Schläger, der nach unten, d. h. unter den voraussichtlichen Treffpunkt und weiter nach vorne aufwärts (der untere Bogen der Schleife, Grafik S. 41) in die gedachte Schlagrichtung geschwungen wird. Dabei beschleunigt die Schlägerspitze erheblich. Der Schlagarm streckt sich im Ellenbogen kurz vor dem Treffpunkt. Das gebeugte rechte Bein wird zur Unterstützung der Aufwärtsbewegung leicht gestreckt, während der Schläger dem Ball entgegenschwingt (Abb. 8+9). Behalten Sie unbedingt die Seitstellung bei: Ihr rechter Fuß bleibt vorne, der linke hinten.

Ihr Auge ist – unmittelbar vor dem Ballkontakt – besonders scharf auf den Ball gerichtet (Abb. 9).
Die Schlägerfläche trifft den Ball, von der Seite gesehen, in angepasstem Abstand deutlich vor der rechten Hüfte. Die Schlägerfläche steht dabei senkrecht zur gedachten Schlagrichtung. Der Schlagarm ist locker gestreckt. Die Hand ist fest, aber nicht verkrampft, um den Griff geschlossen. Die rechte Schulter zeigt zum Netz. Das Körpergewicht ist vollständig auf den rechten Fuß verlagert. Der ausgestreckte linke Arm sorgt für Balance.

Rückhandschlag

Die Ausschwungphase

Sie ist mit die wichtigste Phase des Rückhandschlages, weil das zuvor festgelegte und dann energisch angepeilte Ausschwungziel das vorangegangene Treffen des Balles stark beeinflusst: Es ist für Schlagrichtung, -höhe und -länge verantwortlich. Schlagarm und Schläger schwingen durch den Treffpunkt nach vorne aufwärts durch (Abb. 9–12). Während dieser Schwungphase wird die Schlägerfläche möglichst lang in die gewünschte Schlagrichtung geführt.

Die Schulterachse bleibt also so lange wie möglich in seitlicher Stellung bzw. Schlagrichtung, was nicht zuletzt dem linken Arm – er ist während der gesamten Ausschwungphase nach hinten gerichtet (siehe dazu auch S. 46) – zu verdanken ist.

Technik

Der linke Arm in der Ausholphase

Viel eindeutiger als bei der Vorhand werden bei der Rückhand dem linken Arm (der linken Hand) seine »Aufgaben« zugeteilt.
In der Ausholphase führt (zieht) die linke Hand den Schläger zurück. Sie entlastet so den rechten Arm (Arbeitsteilung), stabilisiert die gesamte Ausholbewegung und unterstützt die unbedingt notwendige Oberkörperdrehung (Voraussetzung zur dynamischen Schlagphase des Schwunges). Erst zu Beginn der Schlagphase löst sich die linke Hand vom Schläger.

Der linke Arm in der Ausschwungphase

Seine vielleicht wichtigste Funktion übernimmt der linke Arm während der Schlag- bzw. Ausschwungphase des Rückhandschlages: Er sorgt dafür, dass die so wichtige Seitstellung von Füßen und Oberkörper während des gesamten Schwunges möglichst beibehalten wird.
Achten Sie deshalb unbedingt darauf, dass Ihr linker Arm weder **während** noch **nach** dem Treffen des Balles nach vorne kommt und somit das Aufdrehen des Oberkörpers einleiten würde: Die Schlagkontrolle wäre stark gefährdet.
Eventuell kann der linke Arm sogar eine bewusste Gegenbewegung zum Nach-vorne-Schwingen des rechten Armes nach hinten durchführen. Manche Spieler verdanken diesem »Trick« die Kontrolle über ihren Rückhandschlag.

Rückhandschlag

Pete Sampras bei seiner vorbildlichen Ausholbewegung. Perfekt ausbalanciert, optimal auf den Ball konzentriert, ist er zum Rückhandschlag bereit.

Rückhand richtig

Der Arm ist im Ellenbogengelenk vorbildlich angewinkelt. Der Schläger schwenkt problemlos in die Schleife. Die Ausholbewegung kann leicht durchgeführt werden.

Einwandfreie Fußarbeit. Voraussetzung zur optimalen Ausholbewegung und damit zum lockeren, freien Nach-vorne-Schwingen.

Hier wird der Ball in der richtig angepassten Entfernung zum Körper getroffen. Der Schlagarm ist entspannt gestreckt, die Fußstellung vorbildlich. Der Schläger kann frei nach vorne oben geschwungen werden.

Rückhand falsch

Der Schlagarm ist zum Ausholen am Ellenbogen durchgedrückt, steif. Entspanntes Ausholen ist nicht möglich.

Die Beine bleiben in offener Stellung. Dadurch kann sich der Oberkörper zur korrekten Ausholbewegung nicht optimal aufdrehen.
Wichtig: Diese offene Rückhandschlagstellung muss beim Return gegen sehr schnelle Aufschläge jedoch gelegentlich angewendet werden.

Der Ball wird zu nahe am Körper getroffen. Das Körpergewicht kann nicht auf den rechten Fuß verlagert werden, ein voll durchgeschwungener Schlag ist nicht möglich.

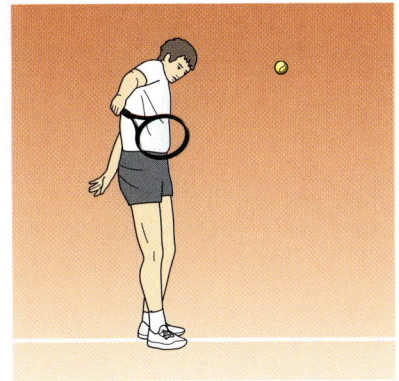

Technik

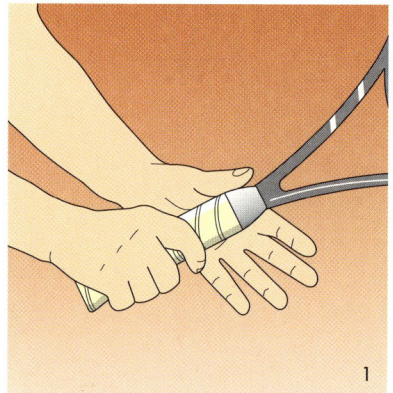

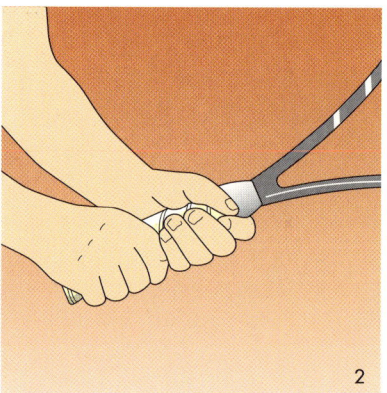

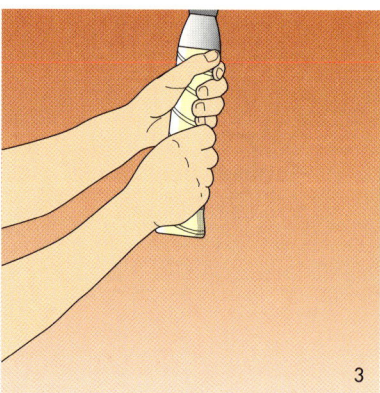

Beidhändiger Rückhandschlag

Ursprünglich waren Schläge, die mit beiden Händen bzw. Armen durchgeführt wurden, Ausnahmeschläge. Sie wurden zur Nachahmung nicht empfohlen. Heute ist die beidhändige Rückhand ein normaler Schlag geworden, der aus dem Tennis nicht mehr wegzudenken ist.
Probieren Sie mit Ihrem Trainer aus, welche Rückhand für Sie besser geeignet ist. Dabei spielt Ihre persönliche Beweglichkeit und Koordinationsfähigkeit eine große Rolle. Aus der »einhändigen Not« vergangener Jahre (die Spieler konnten während des Schlages die Seitstellung nicht beibehalten) wurde inzwischen eine »beidhändige Tugend« (zur beidhändigen Rückhand dreht der Oberkörper auf, siehe dazu auch »Schlagstellung«, S. 72).

Der Griff

Die rechte Hand fasst den Schläger mit Rückhandgriff (siehe S. 38, Abb. 3), die linke greift unmittelbar darüber mit dem Vorhandgriff (für Linkshänder, Abb. 1+2). Der kleine Finger der linken Hand berührt den Zeigefinger, die Handkante den Daumen der rechten Hand (Abb. 3).

Beidhändiger Rückhandschlag

Thomas Enqvist bei seiner gefürchteten beidhändigen Rückhand

Technik

Die Ausholphase

Der Schläger macht einen sehr flachen Bogen nach hinten oben. Gleichzeitig dreht sich der Oberkörper nach links (rechte Rückenhälfte zeigt zum Netz), das Gewicht wird auf den linken Fuß verlagert. Der rechte Fuß macht einen Schritt dem Ball entgegen, die Knie werden gebeugt (Abb. 2–4). Das linke Handgelenk ist geöffnet, das rechte geschlossen.

Die Schlagphase

Mit Beginn der Schlagbewegung wird das Gewicht auf den rechten Fuß verlagert (Abb. 4). Der linke Arm streckt sich. Der Schläger wird nach unten, unter den voraussichtlichen Treffpunkt und weiter nach vorne aufwärts in die gedachte Schlagrichtung geführt. Die Schlägerspitze wird dabei erheblich beschleunigt. Die gebeugten Knie strecken sich. Der linke Arm nimmt die linke Schulter mit nach vorne, der Oberkörper rotiert aus der Seitstellung (Abb. 5). Beide Arme sind während der Schlagphase leicht gebeugt, die Hände fest um den Schlägergriff geschlossen, das Auge auf den Ball gerichtet (Abb. 5).

Beidhändiger Rückhandschlag

4   5   6

Die Ausschwungphase

Arme und Schläger werden durch den Treffpunkt nach vorne aufwärts durchgeschwungen (Abb. 6). Der Oberkörper dreht sich dabei frontal zum Netz. Der Schläger schwingt über der rechten Schulter aus. Mit der linken Hand kann dabei losgelassen werden (siehe Abb. rechts). Der linke Fuß kann dabei auch nach vorne treten.

Technik

Ratschläge zum Selbstlernen

Wenn Sie, warum auch immer, es nicht geschafft haben, Trainerstunden bei einem Tennislehrer zu belegen, sollten Sie nicht verzagen. Sicherlich besteht für Sie die Möglichkeit, einen Freund, vielleicht sogar denjenigen, der bei Ihnen das Interesse für Tennis geweckt hat, dazu zu bewegen, Sie bei Ihren ersten »Gehversuchen« im Spiel mit dem gelben Ball zu unterstützen.

Bitten Sie ihn, dass er Ihnen mindestens 4–5-mal für etwa eine Stunde zur Verfügung steht, denn nur dann kann er Ihnen so viel vermitteln, wie unbedingt notwendig ist, um wenigstens das Allernötigste der Vor- und Rückhand-Schlagtechnik dieses faszinierenden Sports zu erfahren.

Dessen ungeachtet müssen Sie sich um einen *ständigen* Partner kümmern, einen, der bereit ist, mit Ihnen regelmäßig zu üben oder der wie Sie Tennis von der Pike auf lernen möchte. Auch das wird funktionieren.

Dazu einige wichtige Ratschläge, die beherzigt werden sollten:

1 Lesen Sie die beiden Kapitel Vor- und Rückhand nochmals sorgfältig durch. Probieren Sie mit Ihrem Schläger den Griff, den korrekten Schwung ohne Ball aus. Diskutieren Sie solange darüber, bis Sie die zum Teil kompliziert erscheinende Technik der Grundlinienschläge verstanden haben.

2 Lernen Sie den Ball und seine Sprungeigenschaften auf dem Boden und der Schlägerfläche kennen. Prellen Sie nach unten, nach oben, aus dem Stand, während des Laufens, auf einem Bein. 10-mal, 100-mal, mit Rückhand, mit Vorhand. Prellen Sie abwechselnd mit Ihrem Partner.

Zu diesen Übungen können Sie jeden Ihnen angenehm erscheinenden Schlägergriff verwenden.

Ratschläge zum Selbstlernen

3 Halten Sie den Schläger mit dem korrekten Vorhandgriff. Stellen Sie sich so hin, wie Abb. 1 es zeigt, seitlich, mit dem Schläger schon ausgeholt, linker Arm nach vorne gestreckt. Ihr Partner fungiert als Tennislehrer. Er lässt den Ball, den Sie genau ansehen (auch dann schon, wenn er noch in der Hand Ihres Partners ist!), aus seiner Hand (Arm waagrecht halten) etwa vor Ihrem linken Fuß fallen. Schlagen Sie erst zu, wenn der Ball nach Erreichen des höchsten Punktes wieder nach unten fällt (Abb. 2).

Schwingen Sie die Schlägerfläche so dem Ball entgegen (Abb. 3), wie Sie es bei der technischen Vor- und Rückhandbeschreibung gelesen haben. Schwingen Sie nach dem Treffpunkt ruhig, aber bestimmt, nach vorne oben durch. Der Ausschwung in die linke Hand ist empfehlenswert (Abb. 4).

Üben Sie zuerst gegen den Zaun, dann übers Netz. Versuchen Sie, den Ball etwa so zu schlagen, dass er zwischen Grundlinie und Aufschlaglinie auf der anderen Platzseite aufspringt.

Wechseln Sie mit Ihrem Partner die Aufgabe nach ca. 20 Schlagversuchen.

Hinweis: Besorgen Sie sich für diese Übungen unbedingt 20–30 ältere Bälle. Neue Bälle sind schwerer kontrollierbar. Keinesfalls nur mit 3 oder 4 Bällen üben, da Sie sonst hauptsächlich mit Ballsammeln beschäftigt sind.

Technik

1 2 3 4

4 Lernen Sie das Ballanspielen. Stellen Sie sich dazu etwa so an die Grundlinie, wie es in Abb. 1 zu sehen ist. Lassen Sie dann den Ball so aus der Hand fallen, dass er ca. 30 cm neben bzw. vor Ihrer linken Fußspitze aufspringen wird (Abb. 2).

5 Schlagen Sie erst zu, wenn der fallen gelassene Ball nach seinem Aufsprung den höchsten Punkt erreicht hat und sich wieder senkt. Schwingen Sie dann dem Ball entgegen (Abb. 3) und nach dem Treffen nach oben durch. Ausschwingen in die linke Hand ist empfehlenswert (Abb. 4).

6 Ihr Partner stellt sich auf die andere Netzseite an die Mitte der Grundlinie in Bereitschaftsstellung auf (siehe S. 57). Schlagen Sie ihm den Ball gezielt und **nicht schnell** zu. Konzentrieren Sie sich sorgfältig darauf, dahin zu spielen, wo er den Ball erwartet. Wenn Sie damit Schwierigkeiten haben, stellen Sie sich vorübergehend 2–3 m näher zum Netz. Von dort wird es Ihnen leichter fallen, die Bälle genauer zuzuspielen.

Ihr Partner versucht, aus der Bereitschaftsstellung heraus die Vor- oder Rückhand-Schlagstellung einzunehmen, dann den Schlag sauber durchzuschwingen, aber **ohne** den Ball zu treffen, d. h., er schlägt absichtlich am Ball vorbei.

Vielleicht irritiert Sie dieses Vorbeischlagen zunächst. Machen Sie's trotzdem. So kann Ihr Partner – und nach Wechsel der Aufgabe natürlich auch Sie – frei, ohne Verkrampfung,

Ratschläge zum Selbstlernen

ohne den Zwang, den Ball treffen zu müssen, das Gefühl des lockeren Durchschwingens kennen lernen. Wechseln Sie mit Ihrem Partner die Aufgabe.

7 Üben Sie wie unter 6, jedoch versucht Ihr Partner, die gut zugespielten Bälle (nur die gut zugespielten!) zurückzuschlagen. Danach nimmt er wie Sie wieder die Bereitschaftsstellung ein.
Sie schlagen den vom Partner zurückkommenden Ball zunächst **nicht** zurück. Sie nehmen zwar die Vor- oder Rückhandschlagstellung ein, schlagen aber am Ball **vorbei!**
Wechseln Sie mit Ihrem Partner die Aufgabe.

8 Üben Sie wie unter 7, jedoch versuchen Sie jetzt, auch die von Ihrem Partner in Ihre Reichweite zurückgespielten Bälle Ihrerseits wieder zurückzuschlagen: Sie spielen Tennis.

9 Konzentrieren Sie sich. Bleiben Sie locker. Schlagen Sie zunächst nur gut erreichbare Bälle. Spielen Sie ruhig, nicht zu schnell. Üben Sie unbedingt mit genügend Bällen. Überprüfen Sie immer wieder Bereitschaftsstellung, Griffhaltung, Schwung usw.
Nehmen Sie sich Zeit zum Üben der Grundlinienschläge. Erst dann sollten Sie sich mit Aufschlag, Flugball usw. beschäftigen.

Technik

Slice

Der Slice ist ein Schlag, durch den der Ball **absichtlichen, starken** Rückwärtsdrall erhält. Er wird vor allem mit der Rückhand als »sicherer« Grundlinienschlag eingesetzt, sowie als Angriffsball aus dem Mittelfeld, dem man ans Netz folgt.

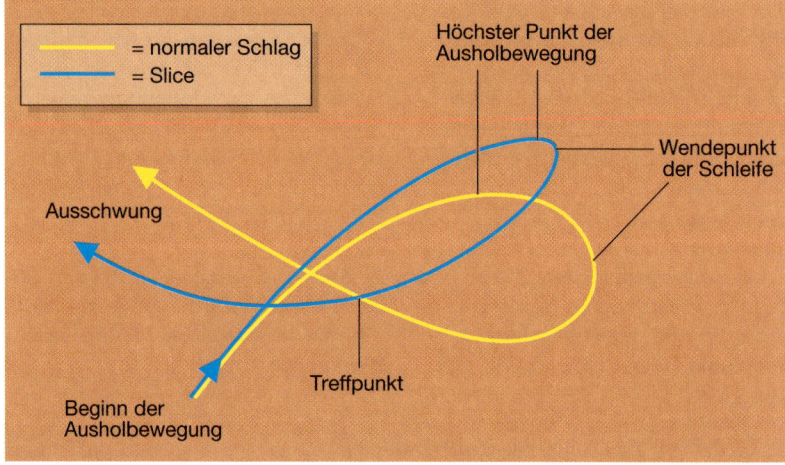

Weg des Schlägerkopfes beim Slice im Vergleich zum normalen Schlag

Slice

Griff und Schlagstellung

Der Vorhand-Slice wird mit dem Vorhandgriff eher in offener Schlagstellung, der Rückhand-Slice mit Rückhandgriff in seitlicher Schlagstellung durchgeführt (siehe S. 25 und 72).

Der Schwung

Zum Ausholen wird die Schlägerfläche weiter nach hinten-oben als bei den normalen Grundlinienschlägen geführt (Abb. 1+2).
Beim Rückhand-Slice macht der rechte Fuß dem Ball einen Schritt entgegen. Der Oberkörper dreht nach links, die rechte Schulter zum Netz. Nach dem Wendepunkt der Schleife (Abb. 3), der über dem voraussichtlichen Treffpunkt liegt, wird der Schläger – mit festem Handgelenk – direkt nach vorne-unten dem Ball entgegengeführt (Abb. 4). Die Schlägerfläche ist dabei leicht geöffnet.
Die Gewichtsverlagerung erfolgt nach vorne-unten auf das rechte Bein, wobei sich die Beine beugen, um die Schlagbewegung zu unterstützen. Nach dem Treffpunkt schwingt die Schlägerfläche noch etwas nach vorne-abwärts (Abb. 5). Dabei öffnet sie sich weiter. Der Oberkörper (Schultern) bleibt seitlich, während der Schläger nach vorne ausschwingt (Abb. 6).

Der Vorhand-Slice wird analog durchgeführt, wobei sich der Oberkörper in Schlagrichtung (offene Stellung) mitdreht.

Technik

Wissenswertes zum Slice für Turnierspieler

Frühes Ausholen und Schlagtempo

Auch beim Slice empfiehlt es sich, möglichst früh den Schläger zurückzunehmen, damit der an sich ruhige Schlag auch wirklich ohne Hast durchgeführt werden kann. Das Tempo eines als Slice gespielten Balles ist meist nicht allzu schnell. Man spricht daher gelegentlich auch davon, dass der Ball übers Netz »segelt«. Natürlich kommen im Spitzentennis auch ausgesprochen druckvoll gespielte Slice-Schläge vor. Sie gehören jedoch zu den Ausnahmen und sind daher den Spezialisten vorbehalten.

Der ideale Treffpunkt

Der Treffpunkt beim Slice liegt bei hüfthoch getroffenen Bällen vor der entsprechenden vorderen Hüfte. Wird der Slice jedoch höher geschlagen, wird er weiter hinten gespielt; bei tieferem Treffpunkt muss er weiter vorne getroffen werden (siehe nebenstehende Grafik).

Idealer Treffpunkt bei verschieden hoch getroffenen Slice-Schlägen

Der sehr hoch getroffene Ball (Kopfhöhe) sollte also verhältnismäßig weit hinten – zwischen der linken und rechten Schulter, von der Seite gesehen – gespielt werden, da ein Kontrollieren eines hohen, früher geschlagenen Balles kaum möglich ist. Der sehr tief getroffene Ball (Kniehöhe und darunter) muss dagegen weiter vorne gespielt werden, da der nach vorne ausschwingende Arm (Schläger) des tief in den Knien sich befindenden Spielers so den Ball eher kontrolliert nach vorne-oben schlagen kann.

Merke: Egal wo der Ball als Slice getroffen wird, achten Sie darauf, dass die Schlägerfläche im Treffmoment möglichst über dem Handgelenk liegt! Deshalb empfiehlt es sich, das Handgelenk während des gesamten Schlages stabilisiert zu halten.

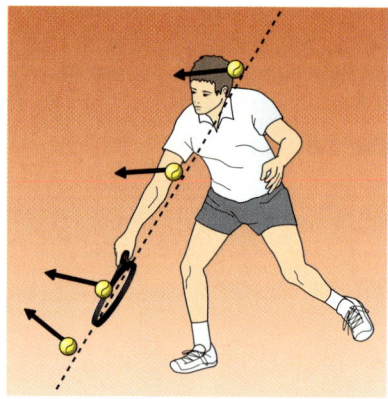

Topspin

Topspin

Der Topspin ist ein Schlag, durch den der Ball **absichtlichen, starken** Vorwärtsdrall erhält. Er wird sowohl als Grundlinienschlag als auch als Angriffsball aus dem Mittelfeld (Vorhand) eingesetzt, da er aggressives Zuschlagen mit gleichzeitig großer Sicherheit ermöglicht. Außerdem wird er als Passierball wirkungsvoll verwendet.

Schlagstellung

Der Vorhand-Topspin wird eher in der offenen, der Rückhand-Topspin in der seitlichen Schlagstellung durchgeführt.

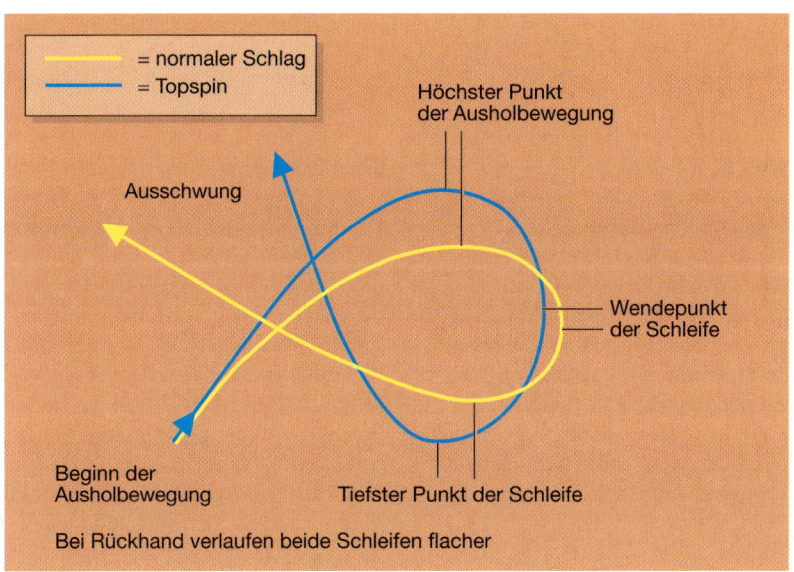

Weg des Schlägerkopfes beim Topspin im Vergleich zum normalen Schlag

Technik

Der Griff

Hier wird der Vorhand-Topspin in offener Schlagstellung beschrieben.
Der Vorhand-Topspin wird mit dem extremeren Vorhand-, der Rückhand-Topspin mit dem extremeren Rückhandgriff gespielt. Abweichungen der beschriebenen Griffe (siehe S. 25 u. 39) sind individuell möglich und können sich positiv auf die Qualität des Topspin-Schlages auswirken.

Der Schwung

Die Ausholbewegung verläuft etwas steiler als die der normalen Grundlinienschläge. Das rechte Bein wird über einen weiteren Drehschritt zur Seite voll belastet (Abb. 1+2). Beide Kniegelenke werden stark gebeugt (Abb. 3). Nach dem Wendepunkt der Schleife wird die geschlossene Schlägerfläche tiefer nach unten (Abb. 4) unter den voraussichtlichen Treffpunkt gesenkt und danach mit maximaler Beschleunigung nach vorne-oben dem Ball entgegengeschwungen (Abb. 5+6). Beim Treffpunkt steht die Schlägerfläche dann senkrecht. Das Handgelenk schließt sich etwas bei gleichzeitigem Einsatz nach oben. Die Beine strecken sich fast explosiv, wobei sich das rechte Bein besonders kraftvoll vom Boden abdrückt. Der Oberkörper dreht sich dabei in fron-

Topspin

tale Stellung: deutliche Gewichtsverlagerung nach vorne-oben. Die Ausschwungbewegung verläuft ebenfalls steiler und höher zur linken Körperseite hin. Dabei verlagert sich das Gewicht auf das linke Bein (Abb. 6+7). Auch zum Topspin kann der Schwung durch direktes Nach-hinten-Führen des Schlägers eingeleitet werden. Es ist dabei aber unbedingt darauf zu achten, dass der Ausgangspunkt der Schlagbewegung tiefer unten liegt als beim normalen Schlag (siehe S. 27) d. h., die Ausholbewegung verläuft direkt nach hinten-unten.
Zum Topspin-Rückhand (seitliche Schlagstellung) dreht beim Ausholen der Oberkörper stark zurück, das Gewicht wird auf das in Schlagrichtung vorgesetzte Bein verlagert; zur Unterstützung der steil aufwärtsgerichteten Schlagbewegung streckt es sich, dreht der Oberkörper mit auf.

Wichtig: Versuchen Sie sich als Anfänger nicht gleich am **extremen** Topspin. Erst wenn Sie sich auf den normalen Grundlinienschlag verlassen können, sollten Sie sich mit den Schlägen mit extremem Drall beschäftigen. Dann allerdings konsequent und mit vollem Engagement, was nur mit Wissen aller Details optimal möglich ist. Daher die folgende, ausführliche Beschreibung dieser im Wettkampftennis so populären Schlagart.

Technik

Wissenswertes zum Topspin für Turnierspieler

Während es bei normalen Grundlinienschlägen eigentlich nur eine »richtige« Form der Ausführung gibt, existieren beim Topspin verschiedene Schlagvarianten, die sich in der Ausholphase, der Schlagphase, dem Stabilitätsgrad des Handgelenkes sowie der Ausschwungphase unterscheiden können.
Erstklassige Topspinschläge lassen sich also auch durchführen, wenn sie vom üblichen Schlagschema abweichen.
Hier einige Schlagvarianten:

Die veränderte Ausholphase

Statt mit dem Unterarm und Schläger die Schleifenbewegung einzuleiten, wird zuerst die Ellenbogenspitze nach hinten-oben gehoben. Erst danach wird der Schläger in die Schleife hineingezogen.

Ausholbewegung mit angehobenem Ellenbogen

1

2

3

4

Topspin

Der veränderte Handgelenkseinsatz

Statt des betonten Einsatzes nach vorne und oben wird das Handgelenk in der Stellung fixiert (s.S. 27), die es am Ende der Ausholphase (Wendepunkt der Schleife) eingenommen hat (Handgelenk stark geöffnet, Schlägerfläche geschlossen). Erst nach dem Treffpunkt, während der Ausschwungphase also, wird das Handgelenk wieder in Mittelstellung gebracht.

Kippen der Schlägerfläche um die Längsachse

1

Die veränderte Schlagphase

Die Schlägerfläche wird kurz vor dem Treffpunkt leicht nach vorne um die Längsachse gekippt (Abb. 2, starker Unterarmeinsatz, »Scheibenwischerbewegung«). Die Ellenbogenspitze wird angehoben, was ein automatisches Senken der Hand und meist einen verkürzten Ausschwung mit sich bringt.

Die veränderte Ausschwungphase

↻ Verursacht durch die veränderte Schlagbewegung (siehe oben) und gleichzeitigem starken Körpereinsatz schwingt der Schläger nur kurz in Schlagrichtung. Der Schlägerkopf wird bei weiterem Hochreißen des rechten Ellenbogens zur linken Schulter geführt und zeigt am Ende der Aufschwungphase entgegengesetzt zur Schlagrichtung. Vor allem **höher** getroffene Bälle können so wirkungsvoll geschlagen werden (Abb. 3).

2

3

Der Schlägerkopf schwingt nach dem höheren Treffpunkt deutlich zur linken Schulter hin aus.

Technik

Ausschwung über der rechten Schulter nach extrem senkrechtem Hochreißen

1

2

Statt nach schräg vorne-oben wird der Schlägerkopf mit extrem geöffnetem Handgelenk fast senkrecht nach oben gerissen und schwingt über der rechten Schulter aus. Speziell bei **tief** getroffenen, **longline** gerichteten Bällen, aber auch bei überraschenden Lobs findet diese Schlagvariante Anwendung. Darüber hinaus kann dieser Schlag einen auch aus schwierigen Situationen retten, z. B. wenn man, durch des Gegners Ball weit aus dem Platz gedrängt, zum Schlag aus vollem Lauf gezwungen wird.

Besonders wichtig: Achten Sie beim Rückhand in der Schlagphase sorgfältig darauf, dass die Seitstellung eingehalten wird. Dies gilt für die Beine, aber vor allem für den Oberkörper, der parallel zur gedachten Schlagrichtung ausgerichtet sein sollte. Achten Sie grundsätzlich darauf, dass Sie den Ball in angemessenem, seitlichen Abstand vor dem Körper treffen. Zu früh geschlagene Bälle können Balanceprobleme verursachen (Verlust der Ballkontrolle), zu weit hinten getroffene Bälle können dagegen nur mit zusätzlichem Krafteinsatz gleich gut gespielt werden.

Topspin

Das Schlagtempo

Man darf sich nicht wundern, wenn einem der mit Topspin geschlagene Ball, verglichen mit dem mit gleichem Kraftaufwand gespielten normalen Schlag, langsamer und kürzer vorkommt. Er scheint nicht nur langsamer, er ist auch langsamer. Während bei dem Schlag ohne absichtlichen Drall der Großteil des Schwunges auf den Ball in Geschwindigkeit umgesetzt wird, wird beim Topspin die meiste Schlagenergie dazu verwendet, Drall auf den Ball zu übertragen. Je senkrechter die Schlägerfläche bei Schwung und Ausschwung nach oben gerissen wird, desto mehr Drall erhält der Ball, desto steiler wird seine Flugbahn, desto langsamer ist er.
Anders gesagt: Will man den Ball schneller machen, d. h. mit größerem Schlagtempo spielen – bei gleichem Kraftaufwand –, muss man in einer flacheren Schleife dem Ball entgegenschwingen, was dann wieder auf Kosten des Dralles geht.

Die frühe Ausholbewegung

Entgegen einer verbreiteten Meinung, dass zum Topspinschlag verspätet ausgeholt werden kann, ja sogar soll, muss – vor allem für Topspin-Lernende – auch hier gelten: Es kann zum Schlag nie früh genug ausgeholt werden.
Die große Gefahr, dass hastig und unkontrolliert gespielt wird, ist weit größer als der vermeintliche Beschleunigungszugewinn des verspäteten Ausholens. Außerdem verleitet gerade hastiges Ausholen zum Schludern.

Tiefer unterer Bogen der Schleife

Beim Topspin ist es wichtig, dass der untere Bogen der Schleife (siehe Grafik S. 61) tiefer verläuft als beim geraden Grundlinienschlag. Während der Schlagbewegung sollte daher die Schlägerfläche ca. 30 cm unterhalb des voraussichtlichen Treffpunktes gebracht werden, denn nur dann kann der Schlägerkopf problemlos entsprechend steil hochgerissen werden, wie es zum Erreichen des optimalen Dralls notwendig erscheint.

Tiefes Beugen der Knie

Eigentlich ist es nicht das In-die-Knie-Gehen, was der Ausführung des Topspin meist zugute kommt, sondern vielmehr das Strecken der zuvor gebeugten Knie (siehe S. 68). Dieses während der Schlagbewegung energische Durchstrecken der zuvor bei der Ausholbewegung tief gebeugten Beine bestimmt in ganz erheblichem Maße die Wirkung des Schlages. Es ist mitverantwortlich für die Aufwärtsbewegung des Körpers, die wiederum den nach vorne-oben, dem Ball entgegenschwingenden Schlagarm unterstützt. Vernachlässigen Sie also keinesfalls dieses Beugen und

Technik

Das Durchstrecken der Knie unterstützt das Hochreißen von Schlagarm und Schläger.

Strecken der Beine, wenn Sie dynamische Topspinschläge produzieren wollen (siehe oben).

Verschiedene Treffpunkte für den Grundlinienschlag

Der ideale Treffpunkt

Auf den entgegenkommenden Ball bezogen: Der erfahrene Turnierspieler weiß, dass die in Position 3 (siehe Grafik unten) getroffenen Bälle ideal gespielt sind. Diese sehr früh geschlagenen Bälle lassen dem Gegner wenig Zeit, sich auf den nächsten Ball vorzubereiten, da dieser um die Zeitspanne früher zu ihm zurückkommt, die der vergleichsweise spät getroffene Ball (Position 1) benötigt, um von

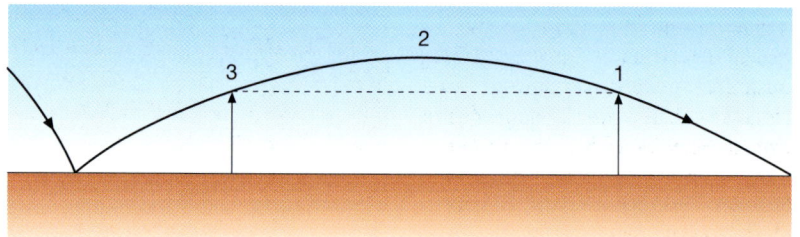

Topspin

3 nach 1 und wieder zurückzufliegen. Der erfahrene Turnierspieler weiß aber auch, dass Bälle, die im Steigen gespielt werden (Treffpunkt Position 3), mit mehr Risiko (Fehlerquote) verbunden sind als solche, die im Fallen getroffen werden. Es ist daher zu empfehlen, dass Spieler, die den Schlag noch nicht so gut beherrschen, eher versuchen sollten, den Ball etwas weiter hinten zu schlagen (also bei Position 1), zumal der sich senkende Ball geradezu zum Topspin einlädt und so erheblich einfacher gespielt werden kann.

Auf die Schlagphase bezogen: Wie schon bei der Erklärung des Schlages betont wurde, sollten Sie versuchen, den Vorhand-Topspin in Höhe der linken Hüfte, den Rückhand-Topspin deutlich vor der rechten Hüfte (jeweils von der Seite gesehen) zu treffen. So erreichen Sie mit geringstem Kraftaufwand die größte Wirkung.

Auf die schlägerhaltende Hand bezogen: Der Ball – so behaupten viele – soll über der schlägerhaltenden Hand getroffen werden. Andere sind vom Gegenteil überzeugt. Die Treffpunkthöhe und der Griff spielen dabei eine wichtige Rolle. Je extremer die Griffhaltung, desto früher kann der Ball getroffen werden; je tiefer der Schlag ausgeführt wird, desto eher wird das Handgelenk über der Schlägerfläche stehen. Schwingen Sie dem Ball vor allem entspannt entgegen (mit locker fixiertem Handgelenk), d. h., versuchen Sie nicht, mit Gewalt die eine

oder andere Haltung einzunehmen. Dann schlagen Sie richtig.

Wichtig: Alle hier zum Topspin-Treffpunkt gemachten allgemeinen Bemerkungen gelten analog auch für den Slice und den normalen Schlag ohne absichtlichen Drall.

Tiefer und spät getroffener Ball (Position 1, Grafik S. 68).

Höher und früh getroffener Ball (zwischen Position 2 und 3, Grafik S. 68).

Technik

Besonders wichtig: Achten Sie beim Rückhand-Topspin darauf, dass der Ball wirklich vor der rechten Hüfte getroffen wird. Zu spät geschlagene Bälle kosten nicht nur mehr Kraft, sondern begünstigen den gefürchteten Tennisellenbogen.

Achten Sie ferner beim Rückhand-Topspin darauf, dass während der gesamten Schlagdurchführung die Seitstellung eingehalten wird. Obwohl beim Vorhand-Topspin mehrere erfolgreiche Schlagvarianten existieren, ist zur Rückhand nur eine erwähnenswert: der Schlag mit verändertem Handgelenkeinsatz.

Während sich die Haltung des Handgelenks bei der zuvor beschriebenen Schlagausführung von der Ausholphase zum Treffpunkt hin deutlich verändert – es schließt sich – können erstklassige Topspin-Rückhandschläge auch mit absolut blockiertem (steifem) Handgelenk mit extremem Rückhandgriff (siehe S. 39) durchgeführt werden, also in einer Form, bei der sich das Handgelenk erst in der Ausschwungphase wieder lockert. Probieren Sie aus, mit welchen der hier angesprochenen Schlagvariationen Sie am besten zurechtkommen.

Haben Sie Geduld, wenn Sie nicht gleich den gewünschten Erfolg haben. Denn gerade hier gilt: Übung macht den Meister!

Beginn und Ende der Ausschwungbewegung

Beinarbeit und Balance

Beinarbeit und Balance

Tennis ist ein Bewegungssport. Je besser Sie sich bewegen, desto einfacher fällt Ihnen der Schlag, und umso erfolgreicher wird Ihr Spiel.
Ausschlaggebend dafür ist die Beinarbeit. Die Beine müssen dabei den Spieler nicht nur rechtzeitig zum Ball bringen, sondern auch in die notwendige Schlagstellung – und wieder zur Bereitschaftsstellung zurück.
Sobald man erkennt, dass der Ball auf die Rück- oder Vorhand kommt, muss man ihm dorthin entgegenlaufen, wo man annimmt, dass er zu schlagen sein wird.
Bewegen Sie sich leichtfüßig mit gebeugten Knien. Laufen Sie mit angemessenen Schritten, nicht überstürzt, damit Sie die Übersicht nicht verlieren. Zu weit weg vom Ball zu schlagen ist ebenso schlecht wie zu nahe: In beiden Fällen kann man nicht locker und frei nach vorne durchschwingen.
Der Koordination der Beinarbeit mit der Durchführung der Schlagtechnik kommt demnach eine besondere Bedeutung zu, da sie die Geschwindigkeit, die Schlaglänge und Schlagrichtung fundamental beeinflusst.
Achten Sie darauf (außer bei längeren Laufwegen), dass der Oberkörper frontal zum Netz hin ausgerichtet ist. Starten und laufen Sie schnell, und vermindern Sie – wenn möglich – Ihr Lauftempo wieder vor Einnahme der Schlagstellung.

So wird Ihre Beinarbeit erfolgreich

Laufen Sie stets dem Ball entgegen
Wer auf den Ball wartet, verliert kostbare Zeit, die der Gegner nutzt.

Bewegen Sie sich schnell
Überstürzen Sie aber nichts. Sie verlieren sonst die Übersicht, machen unnötige Fehler.

Machen Sie kleine Schritte
Große Ausfallschritte schaffen Balanceprobleme. Korrekte Gewichtsverlagerung in Schlagrichtung ist kaum möglich. Also: kleine Schritte, um in Schlagposition zu gehen. Nur der allerletzte Schritt, unmittelbar vor dem Schlag, darf größer ausfallen.

Beugen Sie die Knie
Mit steifen Beinen sind Sie nicht einsatzbereit, können Sie sich nur langsam bewegen und schlecht in Schlagstellung gehen.

Üben Sie, besonders als Anfänger, regelmäßig das »In-Stellung-Gehen«. Durch Training werden Sie lernen, die verschiedenen notwendigen Bewegungsabläufe zu koordinieren und zeitlich auf den entgegenkommenden Ball abzustimmen (Timing). So wird die anfangs bewusste Übung bald in Ihr Unterbewusstsein übergehen.

Technik

Schlagstellung

Unmittelbar mit der Beinarbeit ist die Schlagstellung verbunden.
Man unterscheidet zwischen einer **seitlichen** und einer **offenen** Schlagstellung.
Bei Vorhandschlägen z. B. spricht man dann von einer seitlichen Schlagstellung, wenn die Verbindungslinie der Fußspitzen in etwa in Schlagrichtung verläuft.
Zeigt diese Verbindungslinie, bezogen auf die Schlagrichtung, nach links, spricht man von der offenen Schlagstellung.
Wird ein Spieler z. B. auf der Vorhandseite weit aus dem Platz gedrängt, bietet sich dort die offene Schlagstellung an, weil er so sein Gleichgewicht besser kontrollieren und schneller zur Platzmitte bzw. zur nächsten Schlagposition starten kann.
Die **offene** Schlagstellung kann bzw. sollte eingenommen werden:

- beim Return, vor allem gegen sehr schnelle Aufschläge
- bei Vorhandschlägen (vor allem beim Topspin), wenn man sich damit wohler fühlt als in der Seitstellung: ausprobieren
- bei Vorhandschlägen unter Zeitnot
- beim Vorhand-Slice (Angriffsball)
- beim beidhändigen Rückhandschlag

Die **seitliche** Schlagstellung kann bzw. sollte eingenommen werden:

- bei Rückhandschlägen
- beim Flugball
- beim Halbflugball
- beim Stoppball
- beim Lob (Slice)
- bei Vorhandgrundschlägen, wenn diese besonders genau ausgeführt werden müssen, z. B. beim Passierball

Grundsätzlich muss man jedoch davon ausgehen, dass die jeweils ideale Schlagstellung zwar angestrebt werden sollte, dass es in der Praxis aber meist »nur« zu einem Kompromiss reicht. Dieses »Gemisch« aus offener und seitlicher Schlagstellung – das natürlich auch die Schlagausführung beeinflusst –, muss keinesfalls dazu führen, dass die Schlagqualität leidet. Im Laufe von vielen hundert Trainingseinheiten wird sich vielmehr eine bestimmte Schlagstellung abzeichnen, die, zusammen mit der Schlagausführung, zum ganz persönlichen Stil des Spielers wird, ja eventuell zu seinem Markenzeichen.
»Nicht optimal« – auf die Schlagstellung bezogen – darf also nicht mit »falsch« oder »schlecht« verwechselt werden.
Schließlich ist auch die Schlagstellung »nur« Mittel zum Zweck, d. h., sie unterstützt die Schlagausführung.

Gerader Aufschlag

Gerader Aufschlag

Der hier beschriebene Aufschlag ist der **gerade** Aufschlag. Auf den Ball wird dabei kein absichtlicher Drall übertragen.

Der Aufschlag ist sicherlich mit der wichtigste Ball im Tennis. Ist er gut, kann man das Spiel bestimmen; ist er schlecht, ist man stets in der Rolle des Gejagten.

Da der Aufschlag ohne direkten Einfluss des Gegners durchgeführt wird, ist jeder Spieler ausschließlich allein für die Qualität seines Aufschlages verantwortlich.

Es ist nicht allzu schwierig, aufschlagen zu lernen. Gut aufschlagen zu können erfordert jedoch viel Training.

Der Griff

Verwenden Sie zum Aufschlag den Rückhand- oder Mittelgriff. Dieser liegt zwischen dem Vorhand- und Rückhandgriff. Extreme Vorhandgriffe sind weniger geeignet, da ein lockeres Durchschwingen der Schlägerfläche zum Ball hin erschwert wird.

Die Ausgangsstellung

Stellen Sie sich zwischen 20 cm und einem Meter links oder rechts von der Mitte der Grundlinie entfernt auf. Die linke Fußspitze zeigt zum rechten Netzpfosten. Der rechte Fuß steht etwa parallel zur Grundlinie, eine Schulterbreite vom linken. Die linke Schulter, die Schlägerspitze sowie die Verbindungslinie der beiden Fußspitzen zeigen in Schlagrichtung. Das Gewicht ist etwa gleichmäßig auf beide Füße verteilt. Der Schläger wird locker mit der rechten Hand gehalten, von der linken unterstützt.

Der Ballwurf

Gutes, genaues Hochwerfen (Hochführen) des Balles ist Voraussetzung für einen erfolgreichen Aufschlag: Der Ball muss im richtigen Moment am optimalen Treffpunkt sein. Sollten Sie mit dem Ballwurf Schwierigkeiten haben, müssen Sie ihn separat üben.

Ausgangsstellung des Andre Agassi

Technik

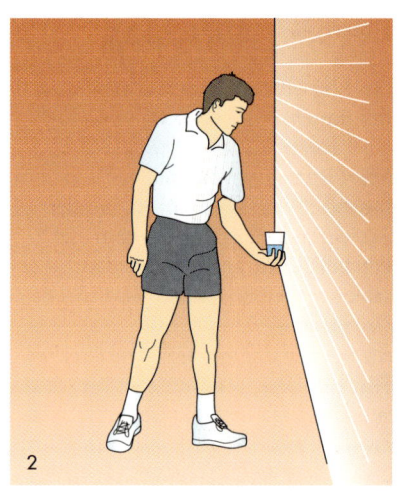

Stellen Sie sich zum Üben des Ballwurfes vor, Sie sollten jemandem ein auf der flachen Hand stehendes Glas Wasser auf einen Schrank reichen. Beim Hochreichen soll das Handgelenk fixiert sein. Etwa in Augenhöhe wird Ihnen das Glas abgenommen.

Stellen Sie sich dazu ungefähr 30 cm von einem Schrank, einer Wand o. ä. entfernt in Schlagstellung (Abb. 1). Aus rhythmischen Gründen soll der linke Arm zuerst etwas nach unten (Abb. 2), dann nach oben (Abb. 3+4) gebracht werden.

Gerader Aufschlag

Führen Sie das »Glas« **zwischen** Fußspitzen und Wand nach oben, wobei das Körpergewicht auf den linken Fuß verlagert wird. Sie werden feststellen, dass sich der linke Arm erst allmählich während des Hochführens streckt (siehe S. 74, Abb. 3+4). Tauschen Sie dann das Glas gegen den Ball aus. Werfen Sie ihn – entlang der Wand – senkrecht hoch, etwa so, wie unten beschrieben. Fangen Sie den Ball wieder auf und wiederholen Sie den Wurf, bis Sie problemlos und rhythmisch hochwerfen können.
Zwei Arten des Ballwurfes haben sich bisher besonders bewährt:
- Hochwerfen des Balles mit zunächst im Ellenbogen abgeknicktem Arm (siehe S. 74).
- Hochwerfen des Balles mit schon zu Beginn des Hochführens gestrecktem Arm (siehe Bildreihe unten).

Probieren Sie einmal aus, auf welche Weise Sie den Ball gleichmäßiger, rhythmischer und genauer hochführen können. Nehmen Sie dazu die korrekte Aufschlagausgangsstellung ein. Führen Sie den linken Arm (linke Hand) zuerst leicht nach unten, Richtung linker Oberschenkel (Abb. 2 S. 74) oder – wie im Beispiel unten – gleich nach oben. Die linke Hand wird dann über bzw. vor der linken Fußspitze nach oben gebracht. Etwa in Augenhöhe verlässt der Ball die linke Hand (Abb. 3).
Stoppen Sie den linken Arm nicht, wenn der Ball die Hand verlassen hat. Führen Sie ihn weiter nach oben, bis er fast oder ganz senkrecht steht. Dadurch unterstützen Sie die korrekte Gewichtsverlagerung und zwingen sich selbst dazu, ins Kreuz zu gehen (Bogenspannung, Abb. 4).

1 2 3 4

Technik

So wird der Ballwurf erfolgreich

Üben Sie das Hochwerfen des Balles
Wenn Sie trotz eifrigsten Bemühens den Ball regelmäßig zu hoch, zu niedrig oder in die falsche Richtung werfen, sollten Sie einmal versuchen, die Abwärtsbewegung der Wurfhand drastisch zu verkürzen, vielleicht sogar ganz weglassen. Meistens wird das Hochwerfen dann in Höhe und Richtung kontrollierter.

Werfen Sie den Ball 20 bis 50 cm über die Treffpunkthöhe
Das Tempo des Hochführens entscheidet über die Höhe des Ballwurfes.

Werfen Sie den Ball senkrecht hoch, wenn Sie nach dem Aufschlag an der Grundlinie bleiben
Würden Sie diesen Ball herunterfallen lassen, sollte er etwa 30 cm vor ihrer linken Fußspitze auf den Boden kommen.

Werfen Sie den Ball etwas schräg nach vorne, wenn Sie dem Aufschlag zum Netz folgen
Dadurch wird der eigentlich wegen der Balance gemachte Schritt des rechten Fußes zum Startschritt ans Netz. Würden Sie diesen Ball herunterfallen lassen, sollte er etwa 50 cm vor der linken Fußspitze herunterkommen.

Besonders wichtig: Schlagen Sie nur gut geworfene Bälle. Fangen Sie die anderen unbedingt wieder auf.

Der Schwung

Der Bewegungsablauf des Aufschlagschwunges ist verhältnismäßig einfach, weil er der natürlichen Wurfbewegung (Steinwurf) entspricht. Graphisch dargestellt wirkt er allerdings reichlich kompliziert. Man unterscheidet zwischen
1. Ausholphase,
2. Schlagphase,
3. Ausschwungphase.

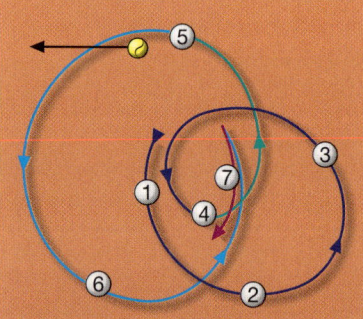

Schlägerbahn beim Aufschlag
① Ausgangspunkt
② Tiefster Punkt des unteren Bogens
③ Punkt in Schulterhöhe, in dem sich der Ellenbogen beugt
④ Tiefster Punkt der Schleife hinter dem Rücken
⑤ Treffpunkt
⑥ Tiefster Punkt der Ausschwungbewegung an der linken Körperseite
⑦ Höchster Punkt der Ausschwungbewegung hinter dem Körper

Gerader Aufschlag

Ob es ein Ass wird?
Andre Agassi ist voll auf den Ball konzentriert.

Technik

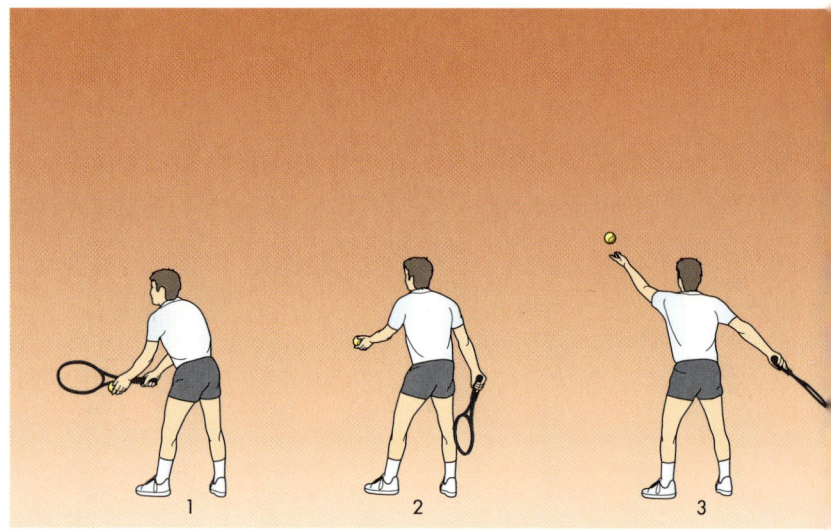

Die Ausholphase

Aus der Ausgangsstellung werden beide Arme gleichzeitig kurz nach unten gebracht. Während der linke Arm dann den Ball nach oben führt – etwa über dem linken Fuß, d. h. Richtung rechten Netzpfosten –, schwingt der rechte Arm wie ein Pendel mit dem Schläger nach hinten, übergehend in die Aufwärtsbewegung. Gleichzeitig wird der Oberkörper nach rechts gedreht und das Körpergewicht kurzfristig auf das rechte Bein verlagert. Der Ball verlässt die linke Hand etwa in Augenhöhe (Abb. 2+3).

Gerader Aufschlag

Der Schläger schwingt locker weiter nach oben, das Körpergewicht wird auf den linken Fuß verlagert (Abb. 4). Gleichzeitig neigt sich die Schulterachse rückwärts-abwärts (Abb. 4+5). Etwa in Schulterhöhe knickt der rechte Arm im Ellenbogen ab, der Schlägerkopf schwingt hinter den Rücken, wird über die rechte Schulter geführt (Abb. 5) und weiter nach unten (Abb. 6). Die Knie, vor allem das linke, werden gleichzeitig gebeugt. Der Oberkörper neigt sich noch weiter nach hinten, Knie und Becken werden nach vorne geschoben (Bogenspannung, Abb. 5).

Technik

Die Schlagphase

Wenn der Schläger den tiefsten Punkt der Schleife erreicht hat (siehe Grafik S. 76, Punkt 4) – die Schlägerspitze zeigt senkrecht zum Boden, das Handgelenk ist geöffnet (Abb. 7) –, wird die Streckung des Körpers zum Treffpunkt hin von unten nach oben eingeleitet. Man stellt sich auf die Fußspitzen, die Knie werden durchgedrückt.
Der Oberkörper dreht sich in Schlagrichtung. Oberkörper, Schlagarm und Handgelenk strecken sich (Abb. 8+9). Der Schlägerkopf wird stark beschleunigt, d. h. dem Ball nach oben entgegengeschwungen. Dabei rotieren Unterarm und Handgelenk einwärts.
Der linke Arm ging bereits »aus dem Weg« und sorgt für ausgewogene Balance. Der Kopf, die Augen sind unmittelbar vor dem Ballkontakt konzentriert auf den Ball gerichtet (Abb. 8–10).
Im Treffmoment des Balles bilden linkes Bein, Körper, rechter Arm und Schläger eine schräg nach vorne in Schlagrichtung geneigte Achse. Die Schlägerfläche ist maximal beschleunigt und steht senkrecht zur gedachten Schlagrichtung.
Wird die Schlagbewegung sehr dynamisch durchgeführt, können sich vor dem Treffmoment beide Beine vom Boden lösen.

Gerader Aufschlag

Die Ausschwungphase

Nach dem Treffen kippt das Handgelenk nach rechts-vorwärts ab. Der Oberkörper dreht sich weiter in Schlagrichtung. Schläger und rechter Arm schwingen ebenfalls in Schlagrichtung und pendeln locker nach vorne-unten links am Körper vorbei aus (Abb. 11+12). Der rechte Fuß tritt bzw. springt dabei meist nach vorne, um die Vorwärtsbewegung abzufangen und das Gleichgewicht wieder herzustellen.
Kommt es nicht zu diesem Absprung, kann das Körpergewicht auch mit dem linken Fuß (Sprung mit links nach vorne) aufgefangen werden.

Wichtig: Der Aufschlag darf kein Aneinanderreihen von einzelnen Aktionen sein. Er ist vielmehr ein fließender Bewegungsablauf.

Aufschlag – richtig

Hier sind die Beine vorbildlich gebeugt, das Becken nach vorne geschoben. Die dadurch entstehende Körperspannung ermöglicht die optimale Beschleunigung des Schlagarmes bzw. des Schlägers.

Vorbildliches Durchschwingen des rechten Armes (Schlägers). Körper, Arm und Handgelenk strecken sich dynamisch dem Ball entgegen, der optimal beschleunigt werden kann.

Lockeres, ideales Ausschwingen. Die ganze Wucht der dynamischen Schlagbewegung ist noch erkennbar. Der Ball wurde optimal beschleunigt.

Aufschlag – falsch

Die Beine sind bei der Ausholbewegung steif bzw. nicht gebeugt. Dadurch kann der Spieler nicht optimal ins »Kreuz« gehen. Er verzichtet damit auf viel Schwung aus dem Körper.

Keine dynamische Streckung, selbst das Handgelenk bleibt während der Schlagbewegung fest und steif. Die vielleicht wichtigste Möglichkeit, den Schlägerkopf zu beschleunigen, wird nicht wahrgenommen. Außerdem wird so der Ball meistens zu spät (tief) getroffen.

Arm und Schläger schwingen nicht locker nach vorne-unten durch. Das zu frühe Abbremsen beeinflusst bereits die Schlagbewegung: Der Schlägerkopf wird nicht genug zum Ball hin beschleunigt.

Technik

Zweiter Aufschlag

Wichtiger als der erste Aufschlag ist der zweite. Er muss ins Aufschlagfeld, koste es, was es wolle, da mit einem Doppelfehler sonst der Punkt kampflos an den Gegner geht.
Im Turniertennis unterscheiden sich die beiden Aufschläge dadurch, dass der erste schneller, riskanter, eher auf direkten Punktgewinn ausgerichtet ist, während der zweite langsamer, mit absichtlichem Drall versehen, mehr auf Sicherheit und Platzierung gespielt wird (siehe Slice- bzw. Twist-Aufschläge S. 88–91).

Achten Sie als Anfänger also zunächst darauf, dass der zweite Aufschlag vor allem gut platziert wird. Er sollte weder zu flach noch zu schnell gespielt werden. Ein langsamer, langer Aufschlag an die Aufschlaglinie ist wirkungsvoller als ein schneller, in die Mitte des Aufschlagfeldes gesetzter.
Versuchen Sie bewusst, die schwächere Seite des Gegners – Vor- oder Rückhand – anzuspielen.

So wird Ihr Aufschlag erfolgreich

Achten Sie auf die korrekte Ausgangsstellung
Stellen Sie Ihre Füße sorgfältig in die vorgeschriebene Stellung. So schaffen Sie die Voraussetzung zur technisch einwandfreien Durchführung Ihres Aufschlages.

Konzentrieren Sie sich
Lassen Sie sich Zeit. Sie werden durch nichts und niemanden zu hastigem Aufschlagen gezwungen. Sammeln Sie sich vor jedem Aufschlag, vor allem vor dem zweiten.

Schlagen Sie nur die gut geworfenen Bälle
Fangen Sie die anderen wieder auf. Nützen Sie diese »Schwäche« des Reglements. Führen Sie den Ball hoch, bis der Wurf einwandfrei ist.

Spielen Sie mutig
Ängstliche Aufschläge sind schlechte Aufschläge.

Verzichten Sie zunächst auf riskante erste Aufschläge
Machen Sie, wenn Sie sich noch unsicher fühlen, zunächst nur »zweite« (sichere) Aufschläge. Erst wenn Sie einen sicheren zweiten Aufschlag beherrschen, können Sie den ersten voll riskieren, denn nur die Sicherheit des zweiten ermöglicht es, den ersten Aufschlag frei und locker zu schlagen.

Zweiter Aufschlag

Perfekt!
Pete Sampras

Technik

Wissenswertes zu den Aufschlägen mit Drall für Turnierspieler

◯ Beim Slice wird der Schläger zunächst nicht in die gewünschte Schlagrichtung geschwungen, wie man es bei allen anderen Schlägen zu tun pflegt. Dieses ungewohnte Gefühl darf nicht dazu veranlassen, an der Wirkung des eigenen Aufschlages zu zweifeln. Der Schwung der Schlägerfläche, die Drehung des Handgelenkes und der dadurch auf den Ball übertragene Drall sorgen dafür, dass der Aufschlag ins Feld geht.

◯ Es ist einfacher, einen geraden Aufschlag genau zu platzieren als einen geschnittenen. Auch wenn man schnell verstanden hat, wie man Drall auf einen Ball überträgt, wird es doch eine gewisse Weile dauern, bis man diesen in Rotation versetzten Ball kontrollieren kann. Es empfiehlt sich daher, mit den Drallaufschlägen im Erstfall zunächst nur in die Ecken zu zielen, die man sicher erreichen kann.

◯ Da es eindeutig einfacher ist, die verschiedenen Aufschlagarten durchzuführen, wenn der Ball entsprechend mehr nach links, rechts, mehr nach vorne oder nach hinten hochgeworfen wird, sollte man diese Hilfen zunächst wahrnehmen. Man darf nur nicht überrascht sein, wenn der Gegner sich schon frühzeitig auf das, was da kommen wird, einstellt: Er sieht ja auch, ob der Ball mehr links oder rechts hochgeworfen wird.

Aus diesem Grund sollte man versuchen, im Laufe der Zeit die verschiedenen Ballwurfarten immer näher zusammen zu bekommen, bis schließlich der Gegner den Unterschied des Wurfes kaum noch erkennen kann.

◯ Grundsätzlich muss sich der Ballwurf dem Aufschlag (Schwung) unterordnen, d. h., schlecht geworfene Bälle sollen nicht geschlagen werden. Das bezieht sich sowohl auf die Wurfrichtung als auch auf die Wurfhöhe. Nur dann kann man erwarten, dass der Aufschlag wunschgemäß und zielentsprechend funktioniert.

Aufschläge mit Drall

Vergleich des Ballwurfes

Vergleicht man Ballwurf und Ausholbewegung des mittleren Bildes (gerader Aufschlag) mit dem oberen (Slice-Aufschlag), kann man feststellen:
Zum Slice
- wird der Ball mehr nach rechts und etwas weiter nach vorne geworfen,
- dreht sich die rechte Schulter mehr nach hinten.

Vergleicht man Ballwurf und Ausholbewegung des mittleren Bildes (gerader Aufschlag) mit dem unteren (Twist-Aufschlag), kann man feststellen:
Zum Twist
- wird der Ball mehr zur linken Schulter und etwas weiter zurück hochgeführt,
- werden die Knie mehr gebeugt, das Ins-Kreuz-Gehen (Körperspannung) wird verstärkt.

Technik

Slice-Aufschlag: Gesamtbewegung

Slice-Aufschlag

Beim Slice-Aufschlag wird auf den Ball Seitwärts- und Vorwärtsdrall übertragen, wobei der Seitwärtsdrall (von rechts nach links) überwiegt.

Der Griff

Beim Slice-Aufschlag wird der Rückhand- (siehe S. 39) oder der Mittelgriff verwendet (liegt zwischen Vorhand- und Rückhandgriff).

Der Ballwurf

Während Sie den Ball zum geraden Aufschlag etwa über Ihren zum rechten Netzpfosten zeigenden linken Fuß hochwerfen, sollten Sie den Ball zum Slice etwas mehr nach rechts und eher etwas weiter nach vorne hochführen (siehe S. 87).

Die Schwungphase

Nehmen Sie die gleiche Ausgangsstellung wie zum geraden Aufschlag ein. Im Wesentlichen gleicht der Bewegungsablauf des Slice-Aufschlages dem des geraden Aufschlages. Da sich durch den veränderten Ballwurf beim Slice der Treffpunkt etwas mehr nach rechts verlagert hat, wird naturgemäß dadurch die Schlagbewegung verändert, der Schwungbogen etwas nach rechts-oben ausgedehnt, d. h., die Oberkörperdrehung in Schlagrichtung wird verstärkt. Dabei streicht die von links-unten hinter dem Rücken aus der Schleife kom-

Slice-Aufschlag

4   5   6

mende Schlägerfläche (Abb. 3) gewissermaßen diagonal nach rechtsoben um die rechte Seite des Balles herum. Diese Schwungbewegung des Schlägers wird hervorgerufen und unterstützt durch eine bewusste, gleichgerichtete Drehung des Handgelenks im Treffmoment (siehe auch S. 86). Beim Treffpunkt ist der Oberkörper frontal ausgerichtet (Abb. 4). Danach dreht er weiter in Schlagzielrichtung (Abb. 5). Gleichzeitig schwingt der Schläger aufgrund des veränderten Schwungbogens (der Ball wird ja weiter rechts als beim geraden Aufschlag getroffen) diagonal vor dem Körper direkt zur linken Hüfte aus (Abb. 6). Gewichtsverlagerung, Körpereinsatz und Beinarbeit bei der gesamten Schwungbewegung entsprechen im Übrigen dem geraden Aufschlag (siehe auch S. 78).

Technik

Topspin-Aufschlag: Gesamtbewegung

1 2 3

Twist-Aufschlag

Beim Twist-Aufschlag, auch Kick- oder Topspin-Aufschlag genannt, wird auf den Ball Vorwärts- und Seitwärtsdrall übertragen, wobei der Vorwärtsdrall überwiegt.

Der Griff

Beim Twist-Aufschlag wird der Rückhandgriff (siehe S. 39) oder der Mittelgriff verwendet, der zwischen Vorhand- und Rückhandgriff liegt.

Der Ballwurf

Zum Twist-Aufschlag wird der Ball – verglichen mit dem Wurf zum geraden Aufschlag – mehr zur linken Schulter hin und nicht ganz so weit nach vorne hochgeführt (siehe S. 87).

Die Schwungphase

Die Ausgangsstellung ist die gleiche wie zum geraden Aufschlag. Im Wesentlichen gleicht auch der Bewegungsablauf dem des geraden Aufschlags. Da durch den veränderten Ballwurf sich auch der Treffpunkt mehr nach links-hinten verlagert, muss sich auch die rechte Schulter etwas mehr nach hinten drehen. Die Schulterachse neigt sich daher noch mehr rückwärts-abwärts (Abb. 2).
Vor allem aber müssen sowohl die Knie mehr gebeugt als auch die Bogenspannung mehr betont werden. Man sollte sich gewissermaßen unter dem hochgeworfenen Ball wie eine Feder spannen (Abb. 2), um von da den tief hinter dem Rücken schwungholenden Schlägerkopf dem Ball entgegenzuschleudern (Abb. 3). Dies ge-

Twist-Aufschlag

schieht durch dynamisches Strecken von Körper, Arm und Handgelenk, wobei das nach vorne-oben in Schlagrichtung bewusst agierende Handgelenk den entscheidenden Ausschlag gibt (Abb. 4). Dabei streicht die Schlägerfläche von links-unten (Ballkontakt) betont nach rechts-oben, gewissermaßen diagonal über die Rückseite des Balles – beim Treffpunkt ist der Oberkörper daher auch nicht frontal ausgerichtet – und erst danach in Schlagrichtung.

Nach dem Treffpunkt schwingt der Schläger zunächst etwas mehr rechts (Abb. 5), bevor er zum linken Bein hin auspendelt (Abb. 6). Gewichtsverlagerung, Körpereinsatz und Beinarbeit entsprechen im Übrigen bei der gesamten Schwungbewegung dem geraden Aufschlag.

Technik

Flugball

Die bisher besprochenen Schläge – Vorhand und Rückhand – werden an der Grundlinie gespielt, nachdem der Ball aufgesprungen ist. Wenn Sie dagegen den Ball schlagen, bevor er den Boden berührt, spricht man von Flugball oder Volley. Der Flugball macht das Spiel schneller, denn der Zeit- und Raumgewinn gegenüber dem Grundlinienschlag ist erheblich. Ein Flugball wird oft nur mit einer Reflexbewegung geschlagen, vor allem dann, wenn der Ball des Gegners aus nächster Nähe kommt. Voraussetzung zum guten Flugball ist deshalb – mehr als bei jedem anderen Schlag – der automatisierte Ablauf.

Der Griff

Für den Vor- und Rückhand-Flugball wird am besten der Mittelgriff verwendet, der zwischen Rückhand- und Vorhandgriff liegt. So hat man keine Probleme mit dem Umgreifen, die bei schnellen Ballwechseln leicht auftreten können.

Die Bereitschaftsstellung

Im Wesentlichen entspricht die Bereitschaftsstellung (Drehscheibenposition) zum Flugball der zum Grundlinienschlag. Folgende Unterschiede sind zu beachten:

- Das Körpergewicht ist mehr auf die Fußballen verlagert.
- Die Beine sind etwas mehr gebeugt und gegrätscht.
- Die gebeugten Arme – Ellenbogen – sind deutlich weiter vor dem Körper.
- Die Schlägerfläche wird höher, etwa in Augenhöhe gehalten.

Die Bereitschaftsstellung kann – außer im Doppel – **nicht** vor Beginn eines Ballwechsels eingenommen werden: Man muss sie sich erarbeiten. Dies kann mit einem Vorbereitungsschlag aus dem Mittelfeld oder dem Aufschlag geschehen. Beiden Bällen muss man ans Netz folgen, um dort die Bereitschaftsstellung einzunehmen. Wie weit man ans Netz aufrücken kann, hängt von der Schnelligkeit, Reaktionsfähigkeit und von der Reichweite des Spielers ab. Die ideale Entfernung vom Netz liegt zwischen 2 und 4 m (siehe auch »Einnahme der Drehscheibenposition«, S.99).

Bereitschaftsstellung

Flugball

Besser geht's nicht!
Patrick Rafter bei einem technisch ideal ausgeführten Vorhand-Flugball

Technik

Die Ausholphase

Aus der Drehscheibenposition wird die Schlägerfläche nach hinten-oben über den voraussichtlichen Treffpunkt geführt, wobei gleichzeitig der Oberkörper zur Seite dreht, so dass die linke Schulter beim Vorhand-Flugball etwas, die rechte Schulter beim Rückhand-Flugball ziemlich deutlich zum Netz zeigt. Das Körpergewicht verlagert sich auf den rechten (Vorhand) bzw. auf den linken (Rückhand) Fuß. Das Handgelenk (beim Vorhand-Flugball) öffnet sich.

Wie weit man zum Flugball ausholt, hängt vom Tempo des entgegenkommenden Balles ab: kurz, wenn er schnell kommt, etwas weiter, wenn man Zeit hat.

Die Schlagphase

Die Schlagbewegung erfolgt vorwärts-abwärts, dem Ball entgegen. Der Arm streckt sich zum Treffpunkt, das Handgelenk bleibt während der Schlagbewegung fest. Das Körpergewicht wird gleichzeitig auf den linken Fuß beim Vorhand-Flugball und auf den rechten

Flugball

beim Rückhand-Flugball verlagert. Diese Gewichtsverlagerung ist mit einem Schritt vorwärts verbunden. Der Fuß setzt meist erst nach dem Treffpunkt auf dem Boden auf. Das Knie beugt sich, was die vorwärts-abwärts gerichtete Schlagbewegung unterstützt. Dabei dreht sich der Oberkörper beim Vorhand-Flugball in annähernd frontale Stellung zurück. Beim Rückhand-Flugball bleibt er dagegen während der Schlagbewegung seitlich. Der linke Arm bewegt sich aus Balancegründen vom Körper weg, entgegengesetzt der Schlagrichtung.

Der Schlag wird mit leicht geöffneter Schlägerfläche durchgeführt, so dass der Ball Rückwärtsdrall erhält (bessere Kontrolle). Die Schlägerfläche steht im Treffpunkt meist höher als das Handgelenk. Der Treffpunkt des Balles liegt zwischen 20 und 50 cm vor dem Körper.

Die Ausschwungphase

Die Ausschwungbewegung ist kurz. Sie folgt dem Ball und endet in einer leichten vorwärts-aufwärts gerichteten Bewegung.

Flugball – richtig

Hier sind die Beine vorbildlich gebeugt. Der Schlag kann einwandfrei ausbalanciert und sauber getroffen werden. Nach diesem Flugball ist es keine Schwierigkeit, blitzschnell in die Bereitschaftsstellung (Drehscheibenposition) zurückzuspringen, um den vielleicht zurückkommenden Ball abzufangen.

Hier steht die Schlägerfläche deutlich über dem Handgelenk. Der Schlag wird mit Druck und Führung ins gegnerische Feld gesetzt.

Diese Ausholbewegung erlaubt, dass auch die Bälle »auf den Bauch« ebenso sauber geschlagen werden können wie die, nach denen man sich strecken muss.

Flugball – falsch

Die Beine sind steif, der Spieler muss sich zum Schlag nach vorne beugen. Selbst wenn trotzdem ein guter Flugball gelingt, ist es danach schwierig, schnell in die Bereitschaftsstellung zurückzukommen.

Das Handgelenk ist nach unten abgeknickt und somit nicht fest um den Griff geschlossen. Der Ball kann so weder schnell noch platziert gespielt werden.

Der Arm ist vor dem Treffpunkt im Ellenbogen durchgedrückt. Die Bälle auf den Körper können nur schwierig pariert werden. Außerdem fehlt zum Schlag der Druck des sich gegen den Ball streckenden Unterarmes.

Technik

Tiefer Flugball

Tiefe Flugbälle können nur gut gespielt werden, wenn man weit runter in die Knie geht. Vor allem die Beugung des hinteren (rechten) Beines ist wichtig, weil nur so vermieden werden kann, dass sich der Spieler zum Ball hin »bückt«.
Der Fuß, der dem Ball entgegengeht, wird **vor** dem Treffpunkt des Balles auf dem Boden aufgesetzt.
Je tiefer der Ball getroffen wird, desto mehr sollte die Schlägerfläche geöffnet sein. Nach dem Treffpunkt wird der Schläger mehr nach vorwärts-aufwärts ausgeschwungen.

Hoher Flugball

Je mehr man sich nach dem entgegenkommenden Ball strecken muss, sei es nach oben oder zur Seite, desto weniger kann man zu diesem Schlag ausholen.
Achten Sie deshalb darauf, dass Ihr Arm sich zum Schlag korrekt streckt (Ellenbogengelenk) und dass das Handgelenk fixiert ist. Das gilt vor allem, wenn Sie den Flugball im Sprung spielen. Wichtig: Ball besonders gut ansehen!

Flugball

Damit Sie stets Freude mit Ihrem Flugball haben

 Nehmen Sie rechtzeitig die Drehscheibenposition ein

Wenn Sie mit einem Angriffsball (Vorhand oder Rückhand aus dem Mittelfeld) oder dem Aufschlag zum Netz kommen, sollten Sie dies nicht überhastet tun, etwa nach dem Motto, je schneller ich vorlaufe, desto näher bin ich am Netz, desto besser ist mein Flugball. Das ist nur theoretisch richtig, da man ja nicht weiß, wohin der Passierball gespielt wird.

In der Praxis kann daher ein sehr schnell nach vorne stürmender Spieler nicht immer optimal vollieren, weil er (seine Körpermasse) sich geradlinig nach vorne bewegt, der Sprung zum Ball jedoch meist nach links oder rechts gerichtet ist.

Der Spieler sollte also unmittelbar vor dem Flugball etwas abbremsen und ohne Hast jene Position einnehmen, aus der heraus besagter Sprung zur Seite möglich ist. Man nennt sie **Drehscheibenposition**.

Wichtig ist daher, dass man diese Drehscheibenposition **rechtzeitig** einnimmt, denn nur dann ist man stets in der Lage, technisch einwandfreie Flugbälle zu spielen.

Im Zweifel sollten Sie daher eher zu früh als zu spät diese Drehscheibenposition einnehmen, auch auf die Gefahr hin, dass Sie einen halben Meter oder einen Meter zum Netz hin »verschenkt« haben. Probieren Sie es aus. Es macht sich bezahlt.

 Spielen Sie den Flugball nahe am Netz

Versuchen Sie, den ersten Flugball nicht zu weit weg vom Netz zu treffen. Je näher, desto leichter ist es, zu vollieren. Die ideale Netzposition für den ersten Volley liegt zwischen 5 m und 7 m vom Netz entfernt. Flugbälle zwischen Grund- und Aufschlaglinie sind schwierig. Trotzdem: Ein sauberer Flugball, weiter hinten gespielt, ist meist erfolgreicher als ein hastiger, schlecht getroffener weiter vorne.

 Sehen Sie den Ball genau an

Jeder Flugball – aber ganz besonders der, zu dem Sie sich extrem strecken müssen – soll genau angesehen werden. Erst nach dem Treffen dem Ball hinterher sehen.

 Achten Sie auf die korrekte Ausführung des Schlages

Auch wenn in der Praxis ein Großteil der Flugbälle mit einer Reflexbewegung zurückgespielt wird, sollten Sie stets bemüht sein, technisch sauber zu schlagen. Die Versuchung, zu schludern und dadurch leichte Fehler zu machen, ist groß.

 Rücken Sie zum nächsten Flugball auf

Rechnen Sie damit, dass Ihr erster, meist auf T-Linien-Höhe gespielter Flugball zurückkommt. Darum nach dem Schlag näher ans Netz rücken, um den nächsten Flugball leichter spielen zu können. Aber auch dabei den Lob des Gegners mit abdecken.

Technik

Optimaler Halbflugball: kurze Ausholbewegung (1, 2); tiefes Beugen der Knie und Hüften (3, 4);

Halbflugball

Dieser unmittelbar nach dem Aufsprung gespielte Ball gehört zu den technisch schwierigsten Schlägen. Kein Wunder, dass man ihn deshalb zu vermeiden sucht, indem man den Ball früher – als Flugball, oder später – als Grundlinienschlag auszuführen beabsichtigt. Dies ist jedoch nicht immer möglich, vor allem im Turniertennis, denn der mit dem Aufschlag oder Angriffsball ans Netz Stürmende muss sich nun mal mit dem Ball auseinander setzen, den sein Gegner ihm vor die Füße spielt.
Der an der Grundlinie geschlagene Halbflugball dagegen wird seltener angewandt.

Der Griff

Der Vorhand-Halbflugball wird mit dem Vorhandgriff (siehe S. 25), der Rückhand-Halbflugball mit dem Rückhandgriff (siehe S. 39) gespielt.

Die Schwungphase

Im Wesentlichen entspricht der Bewegungsablauf des Halbflugballes dem eines Grundlinienschlages.

An der Grundlinie ausgeführt, stimmen Ausholbewegung, Schlag- und Ausschwungbewegung des Halbflugballes mit der Bewegung des entsprechenden Grundlinienschlages überein. Bedingt durch den tiefen Treffpunkt wird der untere Bogen der Schleife jedoch sehr viel flacher durchgeführt. Der Schläger wird beinahe parallel zum Boden dem Ball

Halbflugball

festes Handgelenk; Augen auf den Ball gerichtet (4+5)

entgegengeschwungen, während der Spieler die Knie tief beugt.

Am Netz, also etwa in T-Linienhöhe gespielt, ist die Ausholbewegung deutlich kürzer. Da dieser Schlag meist im Nach-vorne-Laufen durchgeführt wird, ist darauf zu achten, dass der in den Knien – das vordere Bein wird in Schlagrichtung weit vorgesetzt, das hintere berührt fast den Boden – und Hüften stark gebeugte Körper während der Schlagbewegung möglichst unten bleibt, da zu frühes Aufrichten den Schwerpunkt des Körpers aus der Bewegungsbahn des Schlagarmes nimmt, was wiederum die Ballkontrolle – zu hohe Flugbahn – beeinflussen würde.
Der Treffpunkt liegt weiter vorne als beim Grundlinien-Halbflugball – etwa in Höhe des vorderen Fußes –, beim Rückhand-Halbflugball noch etwas weiter vorne als beim Vorhand-Halbflugball. Das Körpergewicht wird während der Schlagphase auf das vordere Bein übertragen. Beide Beine bleiben tief gebeugt. Das Handgelenk ist fest blockiert, die Schlägerfläche ist beim Ballkontakt weniger (in Netznähe) oder mehr (Grundlinie) geschlossen.
Der Ausschwung erfolgt in Schlagrichtung vorwärts-aufwärts. Dabei dreht sich der Oberkörper bei Vorhand ganz in frontale Stellung zurück, bei Rückhand bleibt er eher seitlich.
Lassen Sie Ihren Blick immer auf den Ball gerichtet, denn schon bei kleinsten Fehleinschätzungen landet er im Aus, im Netz oder vor den Füßen des bereitstehenden Gegners.

Technik

Schmetterball

Die beste Antwort auf einen Lob ist der Schmetterball (Überkopfball). Dieser Schlag wird aus dem Stand oder im Sprung durchgeführt.

Der Griff

Die zum Schmetterball geeigneten Griffe sind der Rückhand- und der Mittelgriff.

Die Bereitschaftsstellung

Ausgehend von der Flugball-Bereitschaftsstellung (siehe Abb. oben links) wird vorübergehend eine **Schmetterball-Bereitschaftsstellung** eingenommen (siehe Abb. oben rechts).

Schmetterball

Dazu werden diese drei Bewegungen **gleichzeitig** absolviert:

☯ Der rechte Fuß wird zurückgesetzt (nicht der linke vor), und der Körper durch Drehung auf dem linken Fuß in Seitstellung gebracht. Die linke Schulter zeigt zum Netz (Abb. 1).

☯ Der rechte Arm und der Schläger werden auf direktem Weg nach oben geführt (Abb. 2).

☯ Der linke Arm streckt sich dem heranfliegenden Ball entgegen, ähnlich wie man es beim Aufschlag nach dem Ballwurf tut (Abb. 3).

Diese Schmetterball-Bereitschaftsstellung wird kurzfristig eingenommen, sobald man erkannt hat, dass der Gegner einen Lob spielt. Man bewegt sich in dieser Bereitschaftsstellung – unter unbedingter Beibehaltung der Seitstellung – mit schnellen kleinen seitlichen Überkreuz-Schritten sofort zu der Stelle hin, wo man den Ball erwartet. Keinesfalls frontal rückwärts laufen!

Der ausgestreckte linke Arm zeigt auf den ankommenden Ball. Stellen Sie sich direkt **unter** den Ball, um ihn **über** dem Kopf (Überkopfball!) mit voller Kraft zu schlagen.

Wichtig: Unbedingt den Ball genau fixieren!
Scheint der Lob zu gut, muss man zurücklaufen und ihn aufspringen lassen, um ihn sicher, vielleicht ebenfalls als Lob, zurückzuspielen.

Schmetterball im Stand

Ausgehend von der Flugball-Bereitschaftsstellung wird die Schmetterball-Bereitschaftsstellung eingenommen. Dabei wird das Körpergewicht auf den rechten Fuß verlagert. Der Schläger macht wie beim Aufschlag eine Schleife tief hinter dem Rücken. Während der Schlagbewegung wird das Körpergewicht auf den linken Fuß nach vorne verlagert (Abb. 3+4). Der

Schmetterball im Sprung

Gute Lobs, die hoch über den Netzspieler geschlagen sind, können fast nur aus dem Sprung geschmettert werden. Unmittelbar vor dem Zuschlagen (Technik wie beim Schmetterball im Stand) wird das Körpergewicht ganz auf das tief gebeugte rechte Bein geschoben (Abb. 2+3). Zu Beginn der Schlagphase streckt sich das rechte Bein, das linke hebt aus Balancegrün-

Treffpunkt ist über dem Kopf, vor dem Handgelenk. Das erreicht man, wie beim Aufschlag, durch lockeres, energisches Zuschlagen.
Der Ausschwung verläuft kürzer als beim Aufschlag.

Während des gesamten Schlages muss der Ball besonders genau angeschaut werden!

---

den nach vorne vom Boden ab (Abb. 4). Gleichzeitig wird der Schläger zum Treffpunkt geschwungen, was durch Drehung des Oberkörpers in die Frontale unterstützt wird. Nach dem Absprung schwingt das rechte Bein nach vorne – oben (Scherenbewegung, Abb. 5+6). Der linke Fuß setzt zuerst auf dem Boden auf (Abb. 6), der rechte Fuß unmittelbar danach etwas seitlich dahinter. Das Gleichgewicht ist wieder hergestellt.

Technik

So wird Ihr Schmetterball erfolgreich

 Nehmen Sie sofort den Schläger hoch
Halten Sie sich daran, auch wenn Sie glauben, genug Zeit zu haben. Hastige Schläge sind schlechte Schläge. Der Ball kommt schneller zu Ihnen herunter als Sie glauben.

 Schauen Sie den Ball sorgfältig an
Erst wenn Sie fühlen, wie der Ball die Schlägerfläche beim Treffen berührt, dürfen Sie wegschauen! So treffen Sie jeden Ball optimal, die Voraussetzung zum Erfolg.

 Schmettern Sie über dem Kopf
Zu früh – vor dem Kopf – oder zu spät – hinter dem Kopf – getroffene Bälle landen meist im Netz oder im Aus.

 Entscheiden Sie sich schnell
Was Sie auch tun – den Lob aufspringen lassen oder ihn schmettern –, zögern Sie nicht. Stellen Sie sich sauber hin oder springen Sie hoch, wenn Sie sich zum Schmettern entschlossen haben. Und schlagen Sie mutig zu, mit voller Kraft. So können Sie Punkte machen.

Lassen Sie zu kurze, sehr hohe Lobs aufspringen
So können Sie die Flugbahn des Balles besser berechnen. Auch wenn es attraktiver aussieht, zum Schmettern in »der Luft zu hängen«, sollten Sie unnötige Risiken vermeiden.

Schmetterball

Vielleicht die wichtigste Phase beim Schmetterball: die Vorbereitung auf den Schlag. Dazu den Ball ständig im Blick behalten und sich unter dem Ball bewegen. Australiens Wimbledon-Sieger (1987) Pat Cash zeigt wie's geht.

Technik

Lob

Als Lob bezeichnet man einen Schlag, der den Ball in hohem Bogen über den am Netz postierten Spieler hebt. Gut gespielt, springt der Ball etwa in Grundliniennähe des gegnerischen Spielfeldes auf. Unter Druck schafft dieser wichtige Schlag Luft, weil man vor allem durch die längere Flugdauer des Balles Zeit gewinnt. Man kann aus der Ecke, in die man durch einen guten Schlag des Gegners gedrängt wurde, wieder rechtzeitig zur Platzmitte zurückkommen, d. h. zum nächsten Schlag bereit sein. Gleichzeitig kann man den Netzspieler in Bedrängnis bringen, ihn vielleicht sogar zur Grundlinie zurückschicken, wenn ein besonders guter Lob geglückt ist.

Der Griff

Der Vorhand-Lob wird mit Vorhandgriff, der Rückhand-Lob mit Rückhandgriff gespielt.

Der Schwung

Im Wesentlichen entspricht der Bewegungsablauf des Lobs dem des Grundlinienschlages. Der Schlägerkopf wird mit festem Handgelenk etwas mehr von unten dem Ball entgegengeschwungen (größerer unterer Bogen der Schleife, siehe Grafik S. 26). Die Schlägerfläche ist dabei etwas mehr geöffnet (Abb. 4). Die Ausschwungbewegung erfolgt ebenfalls etwas steiler (Abb. 5+6).

Lob

So wird Ihr Lob erfolgreich

 Spielen Sie den Lob hoch

Hoch geschlagene Bälle fallen ziemlich steil, fast senkrecht herunter und sind dadurch besonders schwer zu berechnen d. h. zu schmettern.

 Spielen Sie den Lob lang

Visieren Sie die Grundlinie an, selbst wenn der Ball einmal ein paar Zentimeter aus geht. Es wirkt deprimierend, wenn man den zu kurz geratenen Lob um die Ohren geknallt bekommt.

 Spielen Sie den Lob regelmäßig

Es ist kein Zeichen von Schwäche, Lobs zu schlagen. Bauen Sie ihn in Ihr Spiel ein. Wechseln Sie ab zwischen Passierball und Lob. Und üben Sie ihn. Dann können Sie sich bald auf ihn verlassen.

Wichtig: Der Lob kann aus taktischen Gründen auch als Grundlinienschlag verwendet werden. Die unangenehm hochspringenden Bälle (Mondbälle) bereiten vielen Spielern Schwierigkeiten (siehe dazu S. 114).

Technik

Stopp

Als Stopp bezeichnet man einen Schlag, der so kurz hinter das Netz gespielt wird, dass ihn der Gegner nicht mehr erreicht.
Der Stopp muss sehr exakt ausgeführt werden, da er sonst zum sicheren Punkt für den Gegner führt. Ungeübte sollten sich daher strikt sowohl an die technische Ausführung als auch an die vorgeschlagenen Verwendungsmöglichkeiten halten (siehe auch S. 133). Gut gespielt und richtig eingesetzt bereichert er das Spiel und ist, speziell im Damen- und Senioren-Tennis, sehr wirkungsvoll.

Der Griff

Der Vorhand-Stopp wird mit Vorhandgriff, der Rückhand-Stopp mit Rückhandgriff gespielt.

Der Schwung

Im Wesentlichen entspricht der Bewegungsablauf des Stopps dem eines Slice-Grundlinienschlages (siehe S. 58). Unmittelbar vor dem Treffpunkt bremst jedoch der nach vorne schwingende Schlägerkopf mehr ab. Die vorwärts-abwärts gerichtete Schlagbewegung wird dabei durch das Beugen des vorderen Beines unterstützt. Gleichzeitig streicht die sich öffnende Schlägerfläche sozusagen um den Ball herum (Abb. 4+5), etwa so, wie man mit der flachen Hand um einen Fußball streichen würde. Unterarm-

Stopp

und Handgelenksdrehung unterstützen diese Bewegung: Der Ball erhält Rückwärtsdrall.
Zu beachten ist, dass die Fußstellung wie zum Grundlinienschlag sorgfältig eingehalten wird. Nur so bleibt das Körpergewicht während des Treffens ruhig auf dem linken Fuß.

So wird Ihr Stopp erfolgreich

 Spielen Sie den Stopp eher aus dem Mittelfeld
Wenn Sie ihn vor oder gar hinter der Grundlinie schlagen, hat der Gegner meist zu viel Zeit, ihn zu erreichen.

 Spielen Sie den Stopp verdeckt
Der Gegner darf nicht schon im Ansatz erkennen, dass jetzt der Stopp kommt. Die Ausholbewegung sollte deshalb die gleiche sein wie die zu einem Slice, denn dann startet der Gegner meist zu spät.

 Decken Sie den Platz nach dem Stopp gut ab
Wenn Ihr Gegner Ihren Stoppball noch erreicht, spielt er entweder einen Gegenstopp oder den Ball lang zur Grundlinie. Erwarten Sie diesen Rückschlag ca. 1 m **vor** der Grundlinie. So können Sie beide Schläge gut abdecken.

Einsatz der Technik

Mark Philippoussis zieht seine Rückhand, bestens ausbalanciert, vorbildlich durch.

Grundlinienspiel

Einsatz der Technik

Obwohl man beim Anfänger nicht davon ausgehen kann, dass er gleich alle Schläge technisch beherrscht, wird unterstellt, dass auch er sobald als möglich »richtig spielen« will, d. h. um Punkte kämpfen möchte.
Da außerdem der Einsatz der Technik theoretisch für alle Spielstärken gleich ist, wird hier bewusst darauf verzichtet, mit zweierlei »Technikmaß« zu messen.
Es wird vielmehr erwartet, dass jeder Akteur in der Lage ist, die seinen technischen Fähigkeiten entsprechenden Informationen zu erfassen, zu verarbeiten und in die Praxis umzusetzen. Scheinbar unabhängig von der Taktik soll hier also versucht werden, die im Spiel auftretenden Probleme zunächst technisch zu lösen. Notwendig erscheinende technische Zusatzinformationen werden ausführlich gegeben.

Grundlinienspiel

Als Grundlinienspiel wird die Spielweise im Tennis bezeichnet, zu der der Spieler die für den Ballwechsel notwendigen Schläge in Höhe der Grundlinie durchführt.

Der sichere Grundlinienschlag

Unter einem »sicheren« Ball versteht man einen Schlag, bei dem einerseits die Gefahr, einen Fehler zu machen, (Ball im Netz, seitlich oder hinten aus) nicht oder kaum besteht, andererseits der Gegner aber auch keinen leicht zu verwertenden Vorteil erhält. Der Schlag muss also hoch genug übers Netz – ca. 2 m –, darf nicht zu nahe an die Seiten- bzw. Grundlinie gespielt werden – Abstand ca. 1 m – und soll darüber hinaus nicht zu weich und kurz geschlagen werden. Für diese Art Schläge kann man alle drei Schlagarten verwenden.
Topspin und Slice sind jedoch ohne Frage die »sichereren« Schlagarten, denn der jeweilige Drall unterstützt besagte Sicherheitsabsicht. Um mit dem normalen Grundlinienschlag die gleiche Sicherheit zu erreichen, muss der Ball dagegen langsam und höher übers Netz gespielt werden. Wird man vom Gegner also unter Druck gesetzt, sollte man dann auf den normalen Grundschlag verzichten, wenn die eigene Fehlerquote höher ist als die des Kontrahenten. Man setzt dafür den Topspin ein, den man, um auf der ganz sicheren Seite zu sein, im Fallen schlägt (siehe Grafik S. 68). Man vermeidet also bewusst, den Ball früh oder gar im Steigen zu schlagen, was wiederum mit Risiko verbunden wäre.

Einsatz der Technik

Wenn man des Gegners Schlagtempo auch mit dem Topspin nicht ohne zu großes Risiko erwidern kann, bietet sich der Slice an, der mit knappster Ausholbewegung noch sicher zurückgespielt werden kann. Er fliegt langsamer und gibt so auch die notwendige Zeit, nach dem Schlag wieder in Stellung zu gehen. Dies gilt auch für den Lob, der unter stärkster Bedrängnis wohl als sicherster Grundlinienschlag überhaupt zu bezeichnen ist (»Mondball«).

Cross – Longline

Jeder Vorhand- und Rückhandschlag ist entweder ein Cross- oder ein Longline-Ball. Obwohl im Prinzip beides technisch gleich abläuft, gibt es drei verschiedene Arten, einen bewussten Cross oder Longline zu spielen.

◯ Man kann durch frühes (1) oder spätes (2) Treffen des Balles (Grafik unten li.) gut cross oder longline spielen, ohne dass die Stellung der Füße dazu verändert werden muss. Oberkörperdrehung und Armzug sind alleine für den frühen Treffpunkt (cross) bzw. den späteren Treffpunkt (longline) verantwortlich.

◯ Man kann jedoch zum Cross- und Longline-Ball auch den Ball genau am gleichen Punkt treffen, d. h. für beide Schläge die original gleiche Schlagausführung verwenden. In diesem Fall müssen die Füße entsprechend der Schlagrichtung stehen (siehe Grafik unten re.): zum Cross parallel zur Diagonalen (1), zum Longline parallel zur Seitenlinie (2).

◯ Bei der dritten Möglichkeit spielt das Handgelenk die entscheidende Rolle. Es wird beim Schlag mehr geöffnet (longline) bzw. mehr geschlossen (cross).

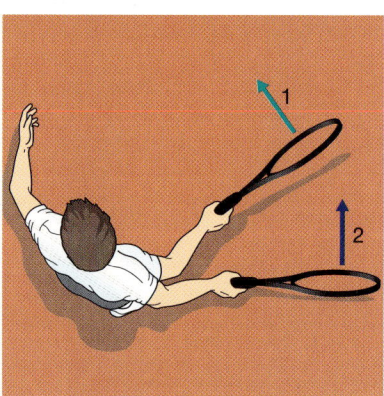

Früh (1) bzw. spät (2) getroffener Grundlinienschlag

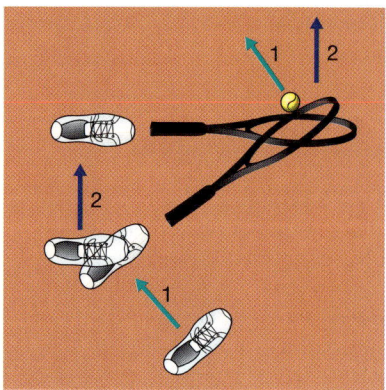

Unterschiedliche Fußstellung zum Cross (1) bzw. Longline (2)

Grundlinienspiel

Finden Sie heraus, welche der Möglichkeiten Ihnen am erfolgversprechendsten erscheint, vielleicht eine Kombination der drei (siehe auch Einsatz der Taktik, S. 124).

Der offensive Grundlinienschlag

Wenn man Druck machen oder gar direkte Punkte erzielen will, muss man das Schlagtempo forcieren. Das erreicht man durch frühes »In-den-Ball-Gehen« und schnellere Schlagbewegung. Dafür eignen sich der normale Schlag und der Topspin besonders. Wenn Sie also Ihre aggressive Vorhand einsetzen wollen, ja sogar bereit sind, Ihre Rückhand zu umlaufen, dann sollten Sie das ganz konsequent tun: Ihr Gegner wird es zu spüren bekommen.

Wichtig:

- Mit kleinen Schritten in Stellung gehen, während man zum Schlag ansetzt.

- Den Ball am höchsten Punkt oder gar im Steigen treffen (siehe dazu Grafik S. 68).

- In Schlagrichtung voll und energisch durchziehen.

Bei dieser Spielweise darf man nicht entsetzt sein, wenn ein Schlag ins Netz oder ins Aus geht. Aggressives, schnelles Tennis ist stets mit Risiko verbunden. Und rechnen Sie immer damit, dass auch Ihr schneller Ball zurückkommt. Also sofort nach dem Schlag den Platz wieder abdecken!

Der erfolgreiche Passierball

Ein spezieller Grundlinienschlag ist der Passierball. Mit ihm will man an dem mit einem Angriffsball ans Netz stürmenden Gegner vorbeikommen oder diesen wenigstens zu einem schwierigen Flugball zwingen. Da der Angriff meist in eine Ecke des Platzes gerichtet ist, wird der Passierball eher aus dem Lauf, sehr oft aus vollem Lauf gespielt.

Wenn dagegen genügend Zeit zur Verfügung steht, um mit kleinen Schritten gut in die gewünschte Schlagstellung zu kommen, dann tut man dies natürlich. Der Passierball wird dadurch zum gewohnten Grundlinienschlag cross oder longline.

Wenn man jedoch zum Schlag aus vollem Lauf gezwungen wird, sollte man:

- keinesfalls zu spät ausholen,

- schnelle, nicht zu große Schritte machen,

- den Ball exakt im Auge behalten bis er getroffen ist,

- bewusst und energisch in Schlagrichtung nach vorne-oben durchziehen.

Einsatz der Technik

Vorhand-Passierball aus vollem Lauf: deutlich zu sehen, dass der vordere Fuß erst nach dem Treffpunkt Bodenkontakt hat

1 2 3

Da sich der Körper (Körpermasse) in Laufrichtung entlang der Grundlinie bewegt, die Schlagrichtung jedoch etwa im rechten Winkel zur Laufrichtung steht, ist es unmöglich, Lauf- und Schlagbewegung richtungsgleich zu koordinieren, d. h., der Körpereinsatz als Schlagunterstützung entfällt. Der Arm alleine ist dafür verantwortlich, dass der Schläger gezielt dem Ball entgegenschwingt. Ein besonders energischer Armzug (der Oberkörper soll dabei möglichst in Schlagrichtung aufdrehen) ist daher Voraussetzung zum erfolgreichen Passierball aus vollem Lauf.

Beim Treffpunkt hat der vordere Fuß meist noch keinen Bodenkontakt. Erst nach dem Schlag setzt das linke Bein auf, das Körpergewicht wird vom rechten Bein danach aufgefangen:

Der Spieler kann wieder zur Platzmitte zurück, um den möglichen Flugball des Gegners zurückzuspielen.

Als Passierball eignet sich besonders der Topspin, da sich dieser – gut ausgeführt – nach Überqueren des Netzes senkt. Auf jeden Fall soll der Passierball flach gehalten werden, denn dann wird der Gegner gezwungen sein, von unten nach oben zu vollieren, was den Ballwechsel offen hält.

Erwähnt sein soll hier noch der **kurze Cross.** Er ist der technisch am schwierigsten durchzuführende Passierball, aber dafür auch, falls er gelingt, der erfolgversprechendste. Als Slice (mit Gefühl und weich) oder als Topspin (schnell und mit viel Drall) kann er gelegentlich eingesetzt werden, birgt

Grundlinienspiel

4   5   6

aber, wie gesagt, viel Risiko in sich. Denn: Ist er zu flach, bleibt er im Netz hängen, ist er zu lang, geht er seitlich aus.
Wenn man sich dennoch an ihn heranwagt, sollte man folgendes beachten:

☯ Nur aus dem Mittelfeld spielen (also nicht von der Grundlinie aus), z. B. nach einem missglückten Flugball des Gegners.

☯ Über die Netzmitte spielen.

☯ Konsequent spielen, d. h., beim Topspin den Schläger deutlich hochziehen (maximaler Topspin), beim Slice bewusst in den Ball gehen, d. h. keinesfalls während der Schlagausführung zurückfallen.

Andre Agassi unterwegs zu einem Vorhand-Passierball aus vollem Lauf

Einsatz der Technik

Netzspiel

Als Netzspiel wird die Art von Tennis bezeichnet, zu der der Spieler die für den Ballwechsel notwendigen Schläge als Flug- oder Schmetterball meist zwischen T-Linie und Netz durchführt.

Der erfolgreiche Flugball

Je weiter weg vom Netz und je tiefer der Ball geschlagen wird, desto schwieriger ist er. Die Netzposition ist demnach neben der Reichweite (Körpergröße und Sprungkraft) und dem Reaktionsvermögen maßgebend für den Erfolg des Flugballs. Das ist logisch, denn ein weit vorne, in oder über Netzhöhe gespielter Ball hat eine Fehlerquelle schon so gut wie überwunden: das Netz.

Man soll deshalb versuchen, immer nah ans Netz zu kommen, damit man nicht gezwungen wird, unter Netzhöhe zu vollieren (siehe dazu »Einnahme der Drehscheibenposition« S. 99). Das bedeutet, der erste Volley soll zwischen 5m und 7m vom Netz entfernt ausgeführt werden.

Bleiben Sie nach dem Volley unbedingt bewegungsbereit, denn sonst können Sie vom nächsten Passierball des Gegners überrascht werden.

Der Cross-Volley

Achten Sie darauf, dass Sie beim Cross-Flugball den Ball wirklich vor dem Körper treffen, wobei die Schlägerfläche möglichst **über** der schlägerhaltenden Hand stehen sollte. Das Handgelenk ist dabei fixiert.

Der Longline-Volley

Der der Linie entlang gespielte Flugball wird dagegen etwas später getroffen, wobei Schlägerfläche und schlägerhaltende Hand etwa **gleiche Höhe** haben. Auch hier ist natürlich das Handgelenk fixiert.

Achten Sie einmal bewusst auf diese beiden Unterschiede zwischen Cross- und Longline-Volley. Sie werden dann problemlos den Ball in die gewünschte Ecke spielen können.

Der Ball auf den Körper

Wenn einem der Gegner verhältnismäßig nahe am Netz gegenübersteht, muss man neben Passierball und Lob auch mit einem Schlag auf den Körper rechnen. Egal wie gut die Flugballtechnik ist, gegen diesen Ball sollte man ausschließlich auf seine Reflexe bauen. Dazu hält man den Schläger besonders fest, schaut den Ball genau an, bleibt aber bewegungsbereit. Schon wenn man zögert, ängstlich aus- oder zurückweicht, hat man den Punkt verloren. Ist man dagegen entschlossen und konsequent, besteht eine gute Chance, erfolgreich zu sein.

Bälle auf den Körper werden in der Regel mit Rückhand volliert, da aus anatomischen Gründen der Körper so besser mit der Schlägerfläche abzudecken ist.

Netzspiel

Der erfolgreiche Schmetterball

Zu nahe am Netz stehend wird man gern überlobbt. Das beste Mittel dagegen ist ein guter Schmetterball. Dazu zwei wichtige Hinweise:

☯ Nehmen Sie jeden Lob ernst. Auch zum kümmerlichsten Lob sauber, mit kleinen Schritten in seitliche Schlagstellung gehen und über Kopf mit voller Kraft ins offene Feld schmettern. Aber Vorsicht! Manche verunglückten Lobs kommen zu flach. Sie haben nicht mehr die zum korrekten technischen Schlagablauf notwendige Höhe für den Schmetterball und werden daher oft verschlagen. Diese Bälle sollten unbedingt als hohe Flugbälle gespielt werden. Eine schnelle Entscheidung ist wichtig.

☯ Zögern Sie nicht, nahe ans Netz heranzugehen, auch wenn Sie den Lob befürchten müssen. Es ist technisch einfacher und entspricht mehr dem Bewegungsablauf des Schmetterballes, sich nach hinten zum Lob zu strecken als nach vorne. Nicht die mangelhafte Technik ist oft für den unnötigen Fehler verantwortlich, sondern die Schlagposition.

Es gibt gewisse Standardsituationen, die beim Schmetterball immer wieder auftreten. Hier werden sie angesprochen:

Der Gegner lobbt kurz und hoch

Diesen Lob, der etwa auf der T-Linie herunterkommt, soll man aufspringen lassen, da es sehr schwierig ist, steil herunterfallende Bälle sauber zu treffen. Dann geht man einen Schritt nach vorne unter den wieder hochspringenden Ball und schmettert ihn über Kopf weg.

Der Gegner lobbt kurz

Diesen schlechten Lob soll man – ohne Hast! – konzentriert, mit voller Kraft wegschmettern. Wenn irgend möglich aus dem Stand schmettern! Zu einem Lob nur dann hochspringen, wenn es unbedingt notwendig ist, also nicht nur zur Schau.

Der Gegner lobbt lang

Auch diesen »normalen« Lob sollte man versuchen im Stand zu schmettern, d. h. nur dann im Sprung schlagen, wenn es nicht zu vermeiden ist. Dann rechtzeitig vorbereiten, mutig und konsequent durchziehen und der Punkt sollte Ihnen gehören.

Der Gegner lobbt lang und sehr hoch

Dieser sehr gute Lob macht auch dem Spitzenspieler zu schaffen. Hier ist sehr früh zu entscheiden, ob man schmettert oder den Ball aufspringen lässt.
Schmettert man, was nur im Sprung möglich ist, sollte man nicht unbedingt auf direkten Punktgewinn aus sein. In erster Linie muss der Ball lang zurückgebracht werden.

Einsatz der Technik

Wenn ein Erfolg versprechender Schmetterball nicht möglich erscheint, dann muss man so schnell es geht zurücklaufen, ohne den Ball aus dem Auge zu verlieren. Während des Laufens sollte der Ball ständig über die linke Schulter angesehen werden. Nach dem Aufsprung sollte er dann als hoher Lob zurückgespielt werden. So gewinnt man Zeit, wieder in Stellung zu gehen.

Beachten Sie sorgfältig, wie Ihr Gegner lobbt. Der gerade und unterschnittene Schlag kann normal geschmettert werden. Kommt jedoch ein aggressiver Topspin-Lob, muss der Ball besonders gut anvisiert werden, um den Ball genau treffen zu können. Dabei zielt man bewusst auf die Netzkante, obwohl man ihn lang ins Feld schlagen will. Der extreme Drall des Lobs verändert den Absprungwinkel auf der Schlägerfläche derart, dass man sonst leicht Gefahr läuft, den Schmetterball ins Aus zu setzen.

Aufschlag

Der korrekte technische Ablauf der drei Aufschlagarten – gerader Aufschlag, Slice und Twist – wird als bekannt vorausgesetzt (siehe S. 73 ff.). Die Position des Aufschlägers an der Grundlinie sowie ein veränderter Ballwurf kann die entsprechende Aufschlagtechnik erheblich unterstützen.

Die Ausgangsstellung

Wenn Sie mit voller Kraft aufschlagen, z. B. den geraden Aufschlag, dann ist die Wahrscheinlichkeit, dass der Ball ins Feld geht, umso größer, je niedriger das Netz ist. Es ist somit einfacher, einen harten Aufschlag über die Netzmitte zu versuchen. Dazu sollte man sich entsprechend stellen.

Beim Aufschlag auf die Mittellinie (als Ziel die Rückhand des Rechtshänders beim Aufschlag von rechts) sollte man sich also möglichst nahe an den Mittelstrich der Grundlinie, beim Aufschlag nach außen entsprechend weit weg vom Mittelstrich der Grundlinie stellen.

Wenn man dagegen einen Slice-Aufschlag von rechts auf die Vorhand des Gegners platzieren will, so ist dies leichter, wenn man dies von etwas weiter rechts von der Mitte der Grundlinie tut. Die optimale Ausgangsstellung vermindert demnach das Fehlerrisiko und erleichtert das Erreichen des Aufschlagzieles.

In jedem Fall sollten Sie ausprobieren, was Ihnen eine veränderte Ausgangsstellung »bringt« und zwar auch dann, wenn Ihr Gegner durch Einnehmen einer entsprechend veränderten Returnposition reagiert.

Aufschlag

Der Ballwurf

Wie schon beim Slice- oder Twist-Aufschlag erwähnt, kann der Ballwurf die Qualität des Aufschlages erheblich beeinflussen (siehe S. 87). Das bezieht sich aber nicht nur auf die unterschiedlichen Drallaufschläge, sondern auf jeden Aufschlag.
So kann der Wurf weiter nach vorne oder nach hinten – bei gleichem Schlagtempo – bewirken, dass der Ball nicht mehr ins Aus oder ins Netz geht.
Werfen Sie also den Ball etwas weiter nach vorne, wenn er ständig zu lang ist – oder etwas weiter nach hinten, wenn der Aufschlag zu oft im Netz hängen bleibt.
Werfen Sie weiter nach rechts und etwas niedriger, wenn Sie einen extrem flach wegspringenden Slice gegen Ihren hüftsteifen Kontrahenten einsetzen wollen, bzw. weiter nach links-hinten, wenn Ihr Twist-Aufschlag gegen Ihren körperlich kleinen Gegner besonders hoch wegspringen soll.

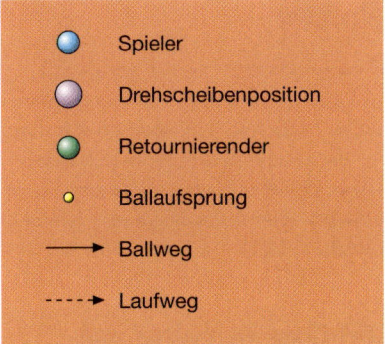

Zeichenerklärungen für die Grafiken

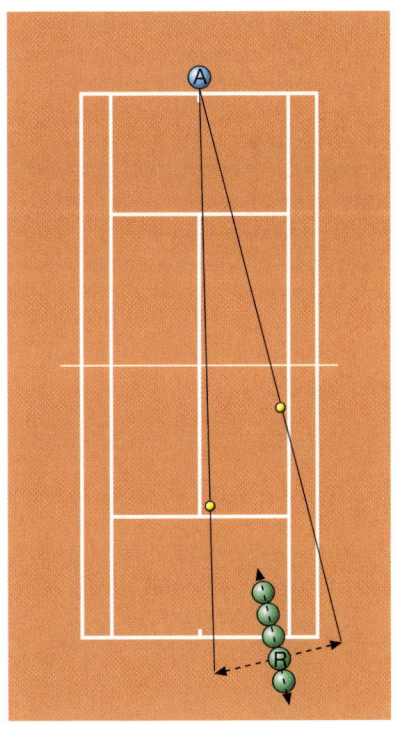

Mögliche Positionen des Retournierenden auf der Winkelhalbierenden

Einsatz der Technik

Return

Zur Erinnerung: Die Ausgangsstellung des Retournierenden sollte normalerweise zwischen 1 m vor und 1 m hinter der Grundlinie auf der Winkelhalbierenden des Streuwinkels der zu erwartenden Aufschläge sein (siehe Grafik S. 121).

Richtiges Verhalten auf verschiedene Aufschläge

Die verschiedenen Aufschlagarten, die der Gegner einsetzen kann, haben unterschiedliche Absprungwinkel. Das Verhältnis der Winkel untereinander kann man in unten stehender Grafik ablesen.

Return des geraden Aufschlages
Der gerade Aufschlag springt »normal« ab, d. h., der Absprungwinkel entspricht ungefähr dem Aufsprungwinkel; die Flugbahn des Balles ändert sich nach dem Aufsprung nicht. Seine Gefährlichkeit rührt vom Schlagtempo und der genauen Platzierung her. Man muss also zu diesem Return vor allem schnell reagieren.

Return des Slice-Aufschlages
Der Slice-Aufschlag ist meist langsamer. Er springt flacher weg als der gerade und – gut ausgeführt – deutlich nach rechts (vom Rückschläger aus gesehen).
Man muss also zum Return tiefer in die Knie und vor allem beim Aufschlag von links die Vorhandseite abdecken.
Wird auf die Rückhand serviert, dann Vorsicht: Der Ball springt auf den Körper zu. Ein voll durchgezogener Return ist dann oft nicht möglich.

Return des Twist-Aufschlages
Der Twist-Aufschlag ist ebenfalls langsamer als der gerade. Er springt deutlich höher ab sowie mehr nach links (vom Return-Spielenden aus gesehen).
Man muss also beim Return mit einem hoch ankommenden Ball rechnen. Genau hinsehen! Zur Not nur ins Feld drücken (Chop).

Absprung des Balles bei verschiedenen Aufschlagarten: 1 Twist-, 2 Slice-, 3 gerader Aufschlag

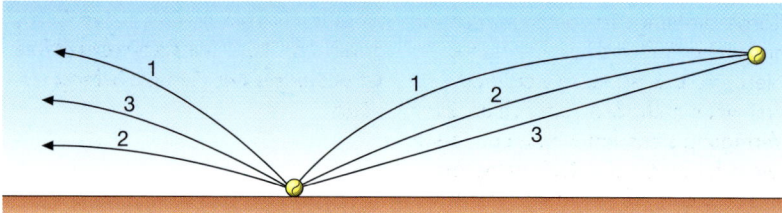

Return

Die Qualität des Returns hängt unmittelbar von der Qualität des Aufschlages des Gegners ab. So gesehen wird man gelegentlich froh sein, wenn überhaupt irgendeine Art von Return gelingt.

Grundsätzlich sollte man in der Ausgangsstellung die Knie beugen, den Schläger vorne sowie das Auge auf den Ball gerichtet haben, konzentriert sein und in dem Augenblick, in dem der Gegner schlägt, auf die Zehenspitzen gehen, bzw. in der der Ausgangsstellung entsprechenden Grätschstellung leicht federnd den Aufschlag erwarten (siehe S. 22/23). Der Schläger sollte dabei, wie schon erwähnt, in der Griffart gehalten werden (Vorhand- oder Rückhandgriff), die beim Umgreifen eventuell Schwierigkeiten macht. So hat man eine echte Chance, auch sehr gute Aufschläge mit festem Handgelenk übers Netz zurückzuspielen.

Der Slice und vor allem der Chop (»verkürzter« Slice mit knapper Aushol- und Ausschwungbewegung) sind hier oft gute Möglichkeiten, vor allem bei der Rückhand, den Ball zurückzuspielen, weil es sich dabei um Schläge handelt, bei denen blitzschnell und verkürzt ausgeholt werden kann. Da genügt manchmal eine geschickte Körperdrehung: Der Schläger kommt hinter den Ball und kann so übers Netz »zurückgechopt« werden.

Erst wenn mehr Zeit zum Schlag zur Verfügung steht, kann man überlegen, wie oder wohin der Rückschlag gesetzt werden soll. Während der Vorhand-Return spät, ja sogar »zu spät« getroffen noch zurückgespielt werden kann, ist dies beim Rückhand-Return kaum möglich. Dieser muss vor dem Körper, möglichst in seitlicher Oberkörperstellung geschlagen werden (Beine bleiben frontal), was schnellstes Reagieren erfordert. Mit anderen Worten: Zum guten Rückhand-Return hat man weniger Zeit.

Um Zeit zu gewinnen, empfiehlt es sich, z. B. den besonders schnellen Aufschlag des Gegners weiter hinten als gewöhnlich anzunehmen.

Sie sollten das einmal ausprobieren, denn wie weit Sie aufrücken bzw. zurückgehen sollten, hängt auch von Ihrer Reichweite, Reaktion und Gewandtheit und natürlich dem Aufschlag des Gegners ab.

Vergessen Sie bei aller Vorsicht aber nicht, nach einem Aufschlag-Fehler des Gegners zum Return des zweiten Aufschlags wieder aufzurücken. Die Chance, einen guten, aggressiven Rückschlag anzubringen, sollten Sie sich nicht entgehen lassen. Auch hier sind alle Schlagarten möglich. Es empfiehlt sich natürlich, den Schlag einzusetzen – wenn der Gegner es erlaubt –, zu dem man am meisten Vertrauen hat.

Also Vorsicht – zu einem voll durchgezogenen Return benötigt man Zeit. Ist sie nicht vorhanden – einen Gang zurückschalten. **Der Chop übers Netz ist besser als der riskante Schlag ins Netz.**

Einsatz der Taktik

Einsatz der Taktik

Was für den Einsatz der Technik (siehe S. 113) recht ist, ist für den Einsatz der Taktik billig. Auch hier gibt es – generell gesehen – keine unterschiedliche Taktik für die verschiedenen Spielstärken. Allerdings muss der Spieler dann Einschränkungen akzeptieren, wenn die Anwendung einer bestimmten Taktik den Einsatz eines besonderen, technisch noch nicht beherrschten Schlages (Schlagart) erfordern würde.

Unter dem Einsatz der Taktik soll hier also verstanden werden, dass bestimmte Spielmöglichkeiten in besonderen, immer wiederkehrenden Spielsituationen taktisch eingesetzt werden können.

Grundlinienspiel

Das Grundlinienspiel ist auf unseren Sandplätzen dominierend. Dadurch kommt dem Grundlinienschlag eine besondere Bedeutung bei, die sich auch auf seine taktische Anwendung bezieht.

Der sichere Grundlinienschlag

Es gibt eine ganze Reihe von Situationen, in denen es taktisch richtig ist, den Ball in erster Linie sicher zurückzuspielen, z. B.:

- wenn der Gegner die Bälle weit in die Ecken setzt,
- wenn der Gegner die Bälle lang an die Grundlinie spielt,
- wenn das Tempo des Gegners höher als das eigene ist,
- wenn der Gegner zu riskanten Schlägen verführt werden soll.

Das Ziel, das mit dem sicheren Grundlinienschlag erreicht werden soll, ist also:

- den Gegner hinten zu halten, selbst wenig Fehler zu machen,
- den Gegner eventuell zu Fehlern zu verleiten.

Schlagrichtung
Die sichere Schlagrichtung ist **cross**:

- weil das Netz in der Mitte niedriger ist,
- weil die Diagonale eines Tennisplatzes länger ist als die Seitenlinie (ca. 1,35 m), also länger gespielt werden kann,
- weil der Sicherheitsspielraum nach beiden Seiten nahezu gleich groß ist (beim Longline nur zur Platzmitte hin!),
- weil man den Rückschlag gegen den Cross besser abdecken kann.

Grundlinienspiel

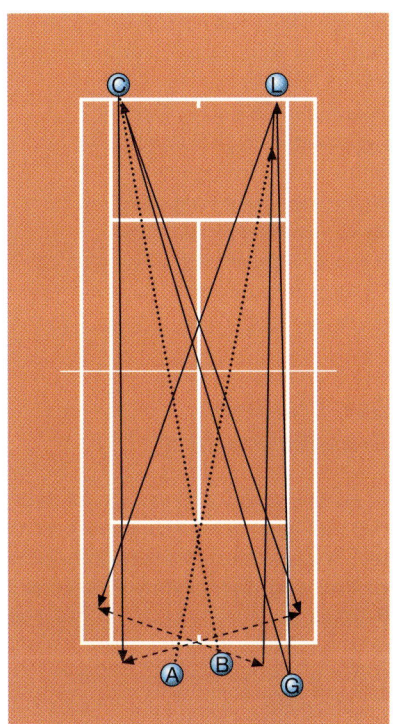
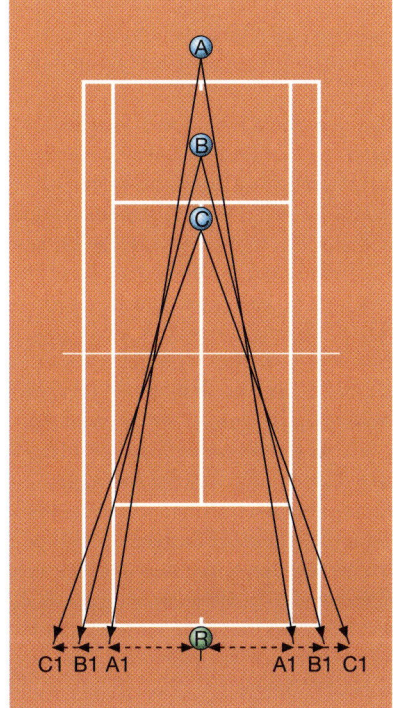

Ideale Positionen zum Platzabdecken nach Cross- (B) und Longline- (A) Schlägen

Zusammenhang zwischen Schlaglänge und evtl. Laufwegen. Zeichenerklärung siehe S. 121

Den letzten Punkt erläutert die Grafik oben links. Daraus kann man entnehmen, dass der Weg von G, wo der Ball geschlagen wurde, zu B – optimale Position zum Platzabdecken nach Cross-Ball – bedeutend kürzer ist als zu A – optimale Position zum Platzabdecken nach Longline-Ball. (A und B liegen jeweils auf der Winkelhalbierenden der bestmöglichen Rückschläge des Gegners von C – Rückschlag des Cross- bzw. von L – Rückschlag des Longline-Balles.)

Schlaglänge, Flugbahnhöhe, Schlagtempo

Mit der Schlaglänge unmittelbar verbunden sind auch Schlagtempo und Schlaghöhe. Um den Ball sicher übers Netz zu bringen, sollte der Sicherheitsabstand in der Höhe ca. 2 m betragen. Da gleichzeitig versucht werden soll, den Gegner hinten zu halten, muss der Ball lang sein (»lang« ist ein Ball dann, wenn der Gegner gezwungen ist, hinter die Grundlinie zu gehen, um ihn zurück-

Einsatz der Taktik

zuschlagen). Das erreicht man entweder durch größeres Schlagtempo und/oder durch höhere Flugbahn des Balles.
Die geeignete Höhe- und Tempokombination (abhängig auch von der Schlagart) findet man am besten durch Training. Der sichere lange Ball soll jedoch nicht näher als 1 m an die Grundlinie heran (Risiko des Ausspielens), muss aber wenigstens 1 m länger als die Aufschlaglinie sein. Das ist besonders wichtig, wie aus der Grafik (S. 125 re.) zu entnehmen ist. Der Schlagwinkel vergrößert sich mit der geringeren Netzentfernung und somit die Distanz, die von der Mitte des Platzes nach links oder rechts an der Grundlinie zur Schlagposition hin gelaufen werden muss. Aus ursprünglich drei bis vier Schritten von R nach A 1 (Ball des Gegners von A) werden fünf und mehr Schritte, wenn der Ball von B oder C kommt.

Wichtig: Langsam und länger gespielt ist grundsätzlich **sicherer** als kürzer und schneller.

Schlagart

Theoretisch ist jede Schlagart gleich sicher unter der Voraussetzung, dass sie beherrscht wird. Nachdem aber jeder, auch der Beste, gute und weniger gute Schläge besitzt, sollte man für den »sicheren« Grundlinienball die Schlagart wählen, die einem am meisten liegt. Wenn es sein muss, kann man damit stur immer den gleichen Ball spielen, denn man will ja das Match und nicht einen Preis für variationsreiches Spielen gewinnen.

Häufige taktische Fehler beim Spiel auf Sicherheit
- zu hohes Schlagtempo
- zu flach gehaltene Bälle
- zu variantenreiches Spiel
- zu häufige Schlagrichtungsänderung (siehe dazu S. 127)
- zu wenig Geduld

Der offensive Grundlinienschlag

Es gibt eine ganze Reihe von Situationen, in denen es taktisch günstig ist, den Ball schnell zu machen, d. h. ein bestimmtes Risiko bewusst in Kauf zu nehmen, z. B.:

- wenn der Gegner zu kurz spielt,

- wenn der Gegner auf Rückhand oder Vorhand ausgesprochen schwach ist,

- wenn der Spielstand (z. B. 40/0) Risiko verträgt,

- wenn sich Gelegenheit bietet, die eventuell schwächere eigene Rückhand zu umlaufen,

- wenn der Gegner langsam ist.

Grundlinienspiel

Das Ziel, das mit dem bewusst schnellen Grundlinienschlag erreicht werden soll, ist also:

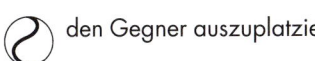 den Gegner auszuplatzieren,

 den Gegner durch schnelles Spiel zu Fehlern zu verleiten,

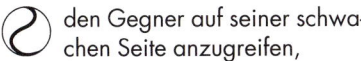 den Gegner auf seiner schwachen Seite anzugreifen,

 direkte Punkte zu machen.

Schlagtempo
Im Vordergrund des hier angesprochenen »offensiven« Schlages steht dessen Geschwindigkeit. Der Spieler versucht, den Ball schnell zu machen, d. h. mit dem Tempo des Schlages den Gegner unter Druck zu setzen. Ein gewisses Risiko wird bewusst in Kauf genommen. Bei dieser Art zu schlagen ist es besonders wichtig, die Erfolgsquote zu beobachten; denn nur wenn das Verhältnis von Schlagtempo (Risiko) zu Erfolg (Punktgewinn) positiv ausfällt, ist ein Konzept dieser Art sinnvoll.

Schlagrichtung
Eine bestimmte Schlagrichtung kann nicht empfohlen werden. Man spielt entweder in die ungedeckte Ecke, auf die Schwäche oder gegen die Balance (falscher Fuß) des Gegners. Das kann als Cross- oder Longline-Ball geschehen.

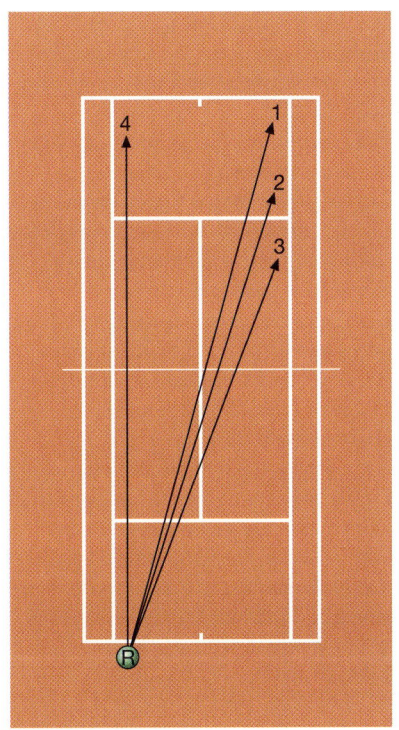

Schema eines Angriffs mit Vorhand aus der Rückhandecke

Zu den schnellen, aggressiven Schlägen zählt insbesondere auch der Vorhandschlag aus der Rückhandecke. Dafür empfiehlt sich ein Schlagschema besonders.
Der Gegner soll mit immer kürzer werdenden Schlägen auf die Punkte 1, 2, 3 (siehe Grafik) aus dem Feld getrieben werden, um mit dem Schlag nach 4 der Linie entlang zum Punktgewinn zu kommen.
Man muss aber damit rechnen, dass der Gegner den zweiten oder dritten

Einsatz der Taktik

Ball entlang der Linie – also auf Ihre Vorhand – zurückgibt. In diesem Fall folgt ein aggressiver Cross, ebenfalls nach Punkt 4.

Richtungsändernde schnelle Schläge, bei denen der Ball in eine andere Richtung geschlagen wird, als in die, aus der er kommt, können sehr erfolgreich sein. Dazu sollte aber grundsätzlich folgendes bedacht werden: Der Cross-Ball des Gegners ist leichter und sicherer cross zurückzuspielen als longline. Es ist deshalb günstiger, zunächst Cross-Schläge auf longline ankommende Bälle zu üben, und dann erst den Longline- auf den Cross-Ball. Also Vorsicht bei der Richtungsänderung von cross auf longline: Zu leicht landen hastige Versuche im Seitenaus. 50 cm von der Linie weg zur Platzmitte hin sollte das Ziel sein. Das genügt zum erfolgreichen Schlag.

Schlaglänge
Natürlich ist der lange und schnelle Ball stets erstklassig. Aber auch der kurze, nach außen gespielte Cross ist nicht weniger erfolgreich. Selbst ein flach gehaltener Slice ins Mittelfeld gesetzt, kann sehr wirkungsvoll sein, z. B. gegen einen Topspin-Experten oder einen ungelenkigen, großen Spieler.
Umgekehrt kann der hoch übers Netz fliegende, in der Nähe der Grundlinie aufspringende, stark angeschnittene Topspin genau der richtige Ball sein, den Gegner zur Verzweiflung zu bringen.

Schlagart
Natürlich ist keine Schlagart an sich schnell bzw. aggressiv, sondern der Spieler setzt sie aggressiv ein. Ein Slice kann genauso energisch und schnell – wenn auch etwas riskanter – gespielt werden, wie ein Topspin oder normaler Schlag. Am günstigsten ist es jedoch, den Schlag einzusetzen, den man am besten beherrscht.

Wichtig: Taktisch gesehen müssen Schlaghöhe, Schlaglänge, Schlagtempo und Schlagart den jeweiligen Anforderungen angepasst werden. Diejenige Länge, Höhe, Schlagart oder Geschwindigkeit ist richtig, die aus der jeweiligen Matchsituation heraus am erfolgversprechendsten erscheint. Das gilt für offensive **und** sichere Schläge. Trotz aller Begeisterung für die besonders aggressiven Grundlinienschläge soll man aber nicht vergessen, gelegentlich nach einem dieser gut gelungenen Schläge aufzurücken, also ran ans Netz zu gehen, um mit einem dann meist leichteren Flugball den Punkt zu gewinnen.

Häufige taktische Fehler beim offensiven Spiel
- zu aggressives Spiel, d. h. unkontrollierte Temposteigerung
- ungeduldiges Spiel, d. h. zu schnell auf Punktgewinn aus
- zu hastiges Spiel, d. h. große Schritte, schlechte Schlagposition, hastige Schlagausführung
- falsches Einschätzen der Situation, z. B. zu extremes Herumlaufen um die Rückhand – ein zu großer

Grundlinienspiel

Teil des eigenen Feldes wird ungedeckt
- zu nahe an die Linien spielen – hohe Fehlerquote

Der Passierball

Wenn der Gegner ans Netz vorgerückt ist, soll man versuchen, ihn zu passieren (die andere Möglichkeit zu überlobben wird später behandelt). Der taktische Einsatz des Passierballs beschränkt sich aber nicht darauf, den Ball möglichst unerreichbar am Gegner vorbeizuschießen. Man kann demnach folgendes versuchen:

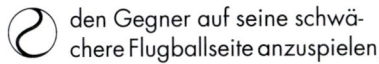
den Gegner auf seine schwächere Flugballseite anzuspielen,

den Gegner dazu zu zwingen, von unten nach oben zu vollieren,

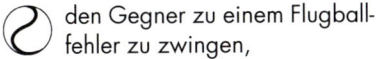
den Gegner zu einem Flugballfehler zu zwingen,

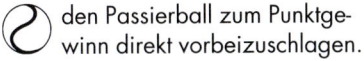
den Passierball zum Punktgewinn direkt vorbeizuschlagen.

Passierball aus der Bedrängnis

Wenn man z. B. vom Gegner ganz aus dem Platz getrieben wird, man also nur mit äußerster Mühe an den Ball herankommt, dann bleibt als Passierball fast nur ein Longline von außen nach innen auf die Rückhandseite des Gegners (siehe Grafik), da aus dieser Lage ein Cross technisch kaum durchführbar ist. Auch der Longline-Passier-

Passierball aus der Bedrängnis: meist nur longline auf die Rückhandseite des Gegners möglich

ball kann keinen Erfolg garantieren. Zu 1 gespielt ist die Trefffläche sehr begrenzt, auf 2 gezielt wartet der Rückhand-Cross-Volley des Gegners. Es muss gesagt werden, dass in dieser Situation ein Lob eher angezeigt ist.

»Normaler« Passierball

Wenn der Angriffsball des Gegners nicht optimal geglückt ist, hat man eine reelle Chance, den Punkt durch Passieren zu gewinnen.

129

Einsatz der Taktik

Während bei Grundlinienduellen der Ball höher übers Netz gespielt wird, sollte der Passierball flach sein bzw. sich nach dem Netz senken, weil

◯ es technisch schwieriger ist, von unten nach oben zu vollieren (tiefer Flugball),

◯ das Netz auf den jeweiligen Flugball bezogen einmal relativ niedrig (hoher Flugball) und einmal relativ hoch ist (tiefer Flugball).

Anders: Einen hohen Passierball braucht man »nur« von oben herab ins Feld zu schlagen. Ein tiefer Passierball dagegen muss zuerst das Hindernis Netz überwinden.
Der beste Passierball ist der kurze Cross. Da er aber technisch sehr schwer zu schlagen ist – er bleibt sehr leicht an der Netzkante hängen oder geht seitlich aus –, sollte man ihn nur spielen, wenn man ihn beherrscht und sich in guter Schlagposition wähnt. Sonst sollte man einen normalen Cross-Ball schlagen oder den Longline vorziehen. Dazu folgende Faustregeln:
Je weiter der Gegner vom Netz entfernt den Passierball erwartet, z. B. in Höhe der Aufschlaglinie, desto eher sollte man cross spielen. Je näher er am Netz steht, desto Erfolg versprechender wird der Longline sein. Zeigt sich jedoch, dass der Gegner einen schlechten Vor- oder Rückhand-Flugball hat, sollten die Passierschläge eher auf die schwache Flugballseite gerichtet werden.

Von der Schlagart her eignen sich Topspin und normaler Schlag zum aggressiven Passieren am besten, da sich diese nach Überqueren des Netzes eher senken.
Schlagen Sie aggressiv und kompromisslos, wenn Sie die Chance dazu haben (Topspin, normaler Schlag) und gut positioniert sind. Aber auch der bewusst weich vor die Füße des Gegners gespielte Ball (Slice) ist nicht zu verachten. Im Training soll erprobt werden, was einem besser liegt. Im Ernstfall sollte dann nur der Schlag eingesetzt werden, der beherrscht wird.

Im Durchschnittstennis werden nachweislich mehr Punkte durch Flugballfehler des Gegners gewonnen als durch erfolgreiche Passierbälle.
Die Aggressivität des Passierens sollte sich also in Grenzen halten. Im Zweifelsfall sollte man den Gegner eher zum schwierigen Flugball zwingen, um erst mit dem nächsten Passierballversuch zu punkten versuchen. Wenn also der erste Passierballversuch gut gespielt war, ist zu erwarten, dass der nächste Passierball aufgrund des schlechteren Flugballs des Gegners einfach erscheint. Aber Vorsicht! Es gibt keine leichten Schläge. Auf diesen so genannten einfachen Passierball muss man sich besonders konzentrieren, d. h. ihn genau ansehen – und nicht den Gegner! Dann zieht man ruhig durch in die Richtung – cross oder longline –, in die es sich nach der Situation anbietet. Auf keinen Fall mehr ein Risiko eingehen. Selbst

Grundlinienspiel

Mary Pierce bei ihrem beidhändigen Rückhand-Longline-Passierball

Einsatz der Taktik

wenn der Gegner den Ball noch erreichen sollte, wird mit dem dritten Passierball der Punkt dann endgültig gewonnen werden.

Häufige taktische Fehler beim Passierball

- zu sehr auf direkten Punktgewinn aus
- zu hohe Passierbälle
- nicht die schwache Flugballseite des Gegners angespielt

Der Lob

Der Lob darf in keinem taktischen Schlagrepertoire fehlen. Er ist unersetzlich, denn er verschafft Zeit, um aus einer ungünstigen Schlagposition wieder zur Grundlinienposition zurückzukommen.
Das Ziel muss also sein,

☯ dass der Lob hoch gespielt wird – je senkrechter er fällt, desto schwieriger ist er zu schmettern,

☯ dass der Lob lang gespielt wird; es ist besser, wenn er einmal um Zentimeter ausgeht, als dass er ständig zu kurz ist; denn es ist sehr deprimierend, wenn einem zu kurz geratene Lobs immer wieder »um die Ohren fliegen«,

☯ dass der Lob häufig gespielt wird; egal wie gut die Lobs geschlagen werden, man darf nicht vergessen, diese Bälle in das Grundlinienspiel einzubauen, als Variation,

als Rhythmusbrecher und selbstverständlich, um den nach vorne aufgerückten Flugballspieler wieder zur Grundlinie zurückzuschicken.

Letzteres gilt besonders, wenn man von einem ans Netz aufgerückten Gegner aus dem Platz getrieben wurde und zum Passierball nur noch eine theoretische Chance hat. Dann ist der Lob ein Muss (siehe S. 129).
In der Regel spielt man den Lob cross. Er ist sicherer als der longline geschlagene.
Ausschlaggebend für die Ausführungsart (normal, Topspin, Slice) ist neben taktischen Gesichtspunkten natürlich die Schlagsicherheit. Der Ball ohne absichtlichen Drall fliegt bei gleichem Schwung bzw. Kraftaufwand am höchsten. Der Slice-Lob ist der am sichersten auszuführende, während der gekonnte Topspin-Lob ohne Zweifel am wirkungsvollsten ist. Trotzdem sollte man den letzteren erst dann einsetzen, wenn er technisch wirklich beherrscht wird. Der Topspin-Lob ist sonst zu riskant.
Äußere Umstände wie Sonne und Wind sollten bei der Entscheidung zum Lob mit einbezogen werden. Der in die Sonne blickende Netzspieler wird den Lob verwünschen. Auch bei Wind ist es sehr schwer, gut zu schmettern. Bevor man lobbt, muss man genau wissen, woher der Wind kommt, um den eigenen Ball in die entsprechende Richtung zu schlagen, sonst kann der Lob im wahrsten Sinne des Wortes vom Winde verweht werden.

Grundlinienspiel

Der Stoppball

Der Stoppball kann, vor allem auf langsamen Sandplätzen, ein sehr wirkungsvoller Ball sein.
Mit dem Stoppball will der Spieler:

- einen direkten Punkt gewinnen,

- den Rhythmus des Gegners brechen,

- den Gegner ans Netz holen (Flugballschwäche),

- den konditionsschwachen Gegner durch ständiges Wiederholen dieses Schlages ermüden.

Um die vorgenannten Ziele zu erreichen, muss der Stopp verdeckt, d. h. nicht ohne weiteres als Stopp erkenntlich geschlagen werden und er muss kurz gespielt werden.

Verdeckt schlagen: Die Ausholbewegung zum Stopp darf keinesfalls den geplanten Schlag signalisieren. Deshalb sollte der Stopp nur von der Seite gespielt werden (Vor- oder Rückhand), von der der Slice häufig eingesetzt und beherrscht wird, denn Stopp und Slice sind in der Anfangsphase technisch fast identisch. Verrät man dagegen seine Absicht, einen Stopp zu schlagen, z. B. durch eine besonders hohe Ausholbewegung, wird der aufmerksame Gegner keine Probleme haben, den Stopp unschädlich zu machen.

Kurz spielen: Je senkrechter der Stopp auf der gegnerischen Seite am Netz herunterfällt, desto kürzer springt er weg. Der Stoppball kann daher ruhig etwas höher gespielt werden, damit der Ball senkrechter herunterkommt. Der Gegner hat zwar so etwas mehr Zeit, ihn zu erreichen (der Ball ist länger in der Luft), er muss jedoch auch zwei, drei Schritte weiter nach vorne laufen. Außerdem muss er bei besonders nahe am Netz aufspringenden Bällen aufpassen, dass er das Netz nicht berührt, was ihm auch dann den Punktverlust einbrächte, wenn er den Stopp unerreichbar weggesetzt hätte.

Taktisch richtiges Abdecken des Platzes nach dem Stopp

Auch ein sehr guter Stopp garantiert nicht den Punktgewinn. Deshalb muss der Platz gegen den möglichen Rückschlag optimal abgedeckt werden. Wenn der Gegner den Stopp erreicht, wird er versuchen, den Ball entweder lang zur Grundlinie oder kurz als Gegenstopp zurückzugeben.
Wenn er Mühe hat, den Stopp zu erlaufen, ist eher mit einem langen Ball zu rechnen; hat er genug Zeit, wird er möglicherweise den technisch schwierigeren Gegenstopp spielen.
Nach einem Stopp von der Grundlinie soll man etwa 1 m vor der Grundlinie auf die Antwort des Gegners warten. Von dort aus kann man den Gegenstopp noch erreichen, aber meist auch den langen Schlag zur Grundlinie abfangen.

Einsatz der Taktik

Nach dem Stopp aus dem Mittelfeld soll man ans Netz vorrücken und zwar noch näher als nach einem Angriffsball, genau in Richtung des Stoppballs. Die Winkelverhältnisse zum Abdecken des Platzes gegen den Rückschlag des Gegners sind am günstigsten, wenn man gewissermaßen dem Kontrahenten am Netz genau gegenübersteht. Vorsicht! Mit einem Lob rechnen.

Taktisch richtiges Spiel gegen den Stopp

Wenn der Gegner gerne Stopp spielt, muss man auf der Hut sein. Nicht lange überlegen, bevor man startet! Der Bruchteil einer Sekunde, ein kleiner Schritt entscheidet oft darüber, ob man den Stoppball noch erreicht. Unmittelbar vor dem Schlag unbedingt noch einen Blick auf den Gegner werfen. Erwartet dieser den Ball hinter der Grundlinie, soll man versuchen, einen Gegenstopp zu spielen. Steht er 1 bis 2 m vor der Grundlinie, wäre ein langer Schlag in eine Grundlinienecke die richtige Antwort. Ist er dem Stopp zum Netz gefolgt, wäre ein kurzer Cross oder ein Lob angebracht. Welcher Schlag auch immer günstiger ist, auf jeden Fall muss man beim Nach-vorne-Stürzen die Eigengeschwindigkeit berücksichtigen. Zu leicht landet sonst der Gegenstopp auf der Aufschlaglinie, der lange Ball im Aus. Und den Ball anschauen! Gerade dann, wenn man den Ball vielleicht nur mit dem äußersten Ende der Schlägerfläche erreicht, muss er besonders genau angesehen werden.

Netzspiel

Wenn man mit dem Aufschlag oder dem Angriffsball aus dem Mittelfeld ans Netz vorgerückt ist, muss man dort einen Passierball oder Lob des Gegners erwarten. Man wird also zum Flug- oder Schmetterball gezwungen.

Nützen Sie Ihre Chance am Netz, indem Sie alle zur Verfügung stehenden taktischen Möglichkeiten ganz bewusst ausschöpfen!

Der Flugball

Reichweite und Reaktionsvermögen sowie die Netzposition (Entfernung zum Netz und seitliche Distanz von der Außenlinie) sind maßgebend für den Erfolg des Flugballes.
Da sich Sprungkraft und Reaktionsvermögen selbst durch regelmäßiges Üben nur bedingt verbessern lassen, ist es notwendig, die den eigenen Fähigkeiten entsprechende bestmögliche Netzposition (Drehscheibenposition) zu finden. Dazu bieten sich das Training unter Mithilfe eines erfahrenen Partners oder Trainers an sowie die im Match gewonnenen Erkenntnisse (siehe auch S. 99).
Eine Netzentfernung zwischen 5 und 7 m ist eine gute Ausgangsposition. Da sich die Schlagwinkel zum erfolgreichen Volley jedoch mit jedem Schritt nach vorne verbessern (siehe Grafik) und Flugbälle weiter vorne leichter (von oben nach unten) als von

Netzspiel

hinten (von unten nach oben) geschlagen werden können, sollte man unbedingt versuchen, möglichst weit vorne am Netz zu vollieren.
Die Grenze liegt aber etwa bei 2 bis 3 m, denn zu weit vorne ist man ein leichtes Opfer des Lobs.
Ob die ideale Drehscheibenposition nun genau auf der Mittellinie liegt, wie auf der Grafik links, oder mehr links bzw. rechts, hängt davon ab, wohin der vorhergehende Angriffsball gespielt war. Auf jeden Fall ist die Winkelhalbierende der bestmöglichen Rückschläge des Gegners maßgebend (siehe Grafik rechts).
P1 und P2 liegen auf der Winkelhalbierenden der jeweiligen bestmöglichen Rückschläge von B1 als Longline nach R1 und als Cross von B1 nach R2 bzw. von B2 als Longline nach R2 und als Cross von B2 nach R1. Der kurze Cross von B1 bzw. B2, der, ohne den Longline freizugeben, nicht abzudecken ist, wird nicht berücksichtigt.

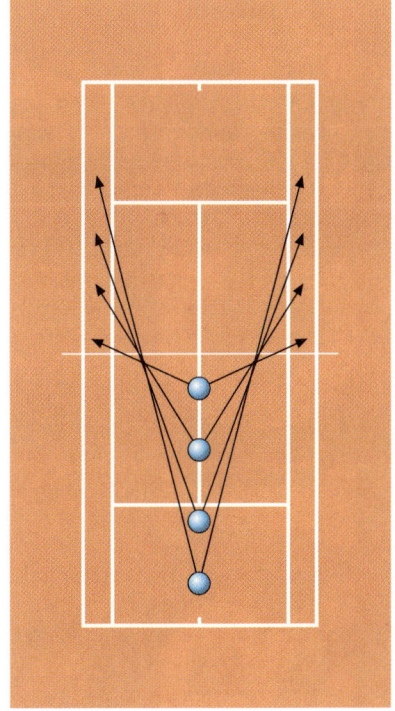

Je näher am Netz, desto günstiger die Schlagwinkel

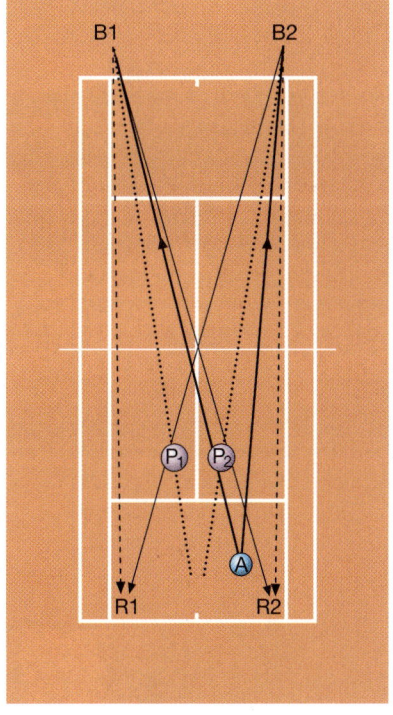

Drehscheibenposition (P1) nach Cross- bzw. (P2) nach Longline-Angriffsball von A aus

Einsatz der Taktik

Wichtig ist, dass man am Netz immer in Bewegung bleibt. Man reagiert so nicht nur besser, sondern verleitet darüber hinaus den Gegner dazu, dem Ball nicht die notwendige Aufmerksamkeit zu schenken, d. h., der Gegner wird dazu gezwungen, den sich Bewegenden zu beobachten. Der Flugball soll lang zur Grundlinie auf die schwächere Seite des Gegners gesetzt werden. Wenn es die Situation ergibt – beispielsweise wenn es gelungen ist, den Kontrahenten mit dem Angriffsball seitlich aus dem Platz zu treiben –, kann man natürlich auch in die ungedeckte andere Platzhälfte vollieren. Denken Sie dabei daran, dass Sie weniger mit dem Cross- als mit dem Longline-Passierball rechnen müssen!

Technisch perfekter Rückhand-Flugball von Pete Sampras

Netzspiel

Generell sollte man sich an folgende Faustregeln halten:

↻ Der Flugball in normaler Reichweite auf Höhe der T-Linie sollte lang an die Grundlinie gespielt werden. Der nächste Rückschlag kann so besser abgedeckt werden.

↻ Der Flugball nahe am Netz sollte eher kurz und cross weggesetzt werden. Dieser Schlag ist nicht nur technisch einfacher als der Longline, sondern auch wirkungsvoller.

↻ Im Zweifel sollte der Flugball stets cross gespielt werden. Er ist sicherer und vor allem eben technisch einfacher. Longline-Schläge erfordern grundsätzlich mehr Sorgfalt, d. h. erstklassige technische Ausführung.

Da Tennis kein schematisches Spiel ist, ergeben sich oft Situationen, die ein anderes Verhalten als das hier empfohlene verlangen. In Trainingsspielen können die verschiedenen Möglichkeiten ausprobiert werden. Strapazieren Sie dabei aber nicht Ihre Technik. Wie beim Grundlinienspiel ist der sichere Flugball dem riskanten vorzuziehen.
Und vergessen Sie unter keinen Umständen, nach dem ersten Volley aufzurücken, weiter vor ans Netz zu gehen, natürlich in Richtung des ersten Flugballes! Nur dann sind die optimalen Voraussetzungen geschaffen, den Ballwechsel mit Erfolg abzuschließen.

Häufige taktische Fehler beim Flugball
- Der Flugball wird in Nähe der Seitenlinie longline gespielt.
- In schlechter Position wird versucht, einen direkten Punkt zu machen.
- Fehlendes Aufrücken nach dem ersten Flugball.
- Der Halbflugball wird dem tiefen Volley vorgezogen.

Der Schmetterball

Wenn man zwischen Aufschlag- und Grundlinie schmettert, sollte die gegnerische Grundlinie anvisiert werden. Nahe am Netz dagegen wird eher kurz und cross geschmettert.
Aber grundsätzlich in die Richtung schlagen, die mehr Zielfläche bietet, denn Longline-Schmetterbälle sind riskante Schmetterbälle.
Rechnen Sie damit, dass der Schmetterball wieder zurückgespielt wird. Deshalb aufrücken und sofort nach dem Schmettern wieder die bestmögliche Netzposition einnehmen, um für den nächsten Passierball oder Lob bereit zu sein.
Und vermeiden Sie, wenn es irgend möglich ist, den Ball mit Rückhand zu schmettern! Fast immer kann der aus Bequemlichkeit oder durch zu langes Zögern notwendig gewordene Rückhand-Schmetterball – der technisch ausgesprochen schwierig ist – als »richtiger« Schmetterball gespielt werden, wenn man sich nur sofort dazu entschließt.

Einsatz der Taktik

Häufige taktische Fehler beim Schmetterball
- Longline schmettern von einer Position in der Nähe der Seitenlinie
- nicht Aufrücken nach dem Schmetterball
- Rückhand-Schmetterball, wenn ein Vorhand-Schmetterball gut möglich ist

Aufschlag

Vielleicht ist der Aufschlag der wichtigste Schlag überhaupt. Auf jeden Fall ist er der einzige Ball, auf den der Gegner keinen direkten Einfluss nehmen kann. Wie gut er ist, hängt ausschließlich vom Spieler selbst ab. Das mag auch der Grund dafür sein, dass er bewusst oder unbewusst das ganze Spiel stark beeinflusst. Klappt der Aufschlag, kann man voller Zuversicht die anderen Schläge ausführen, sich voll auf den taktischen Plan konzentrieren. Funktioniert er nicht, beeinträchtigt der Ärger darüber das ganze Spiel.

Der Einsatz des Aufschlages

Der Aufschlag darf nicht einfach nur übers Netz gespielt werden. Schlagart, Schlagtempo, Schlagrichtung und Schlaglänge muss man sich bewusst vornehmen. Dabei spielt natürlich der Aufschlag, der am besten beherrscht wird, die Hauptrolle. Gut 75 % sollten damit durchgeführt werden, denn von ihm kann der Erfolg erwartet werden, der einen guten Aufschlag auszeichnet. Der Rest verteilt sich auf die anderen Aufschläge, die noch nicht ganz so perfekt sind. Aber wie gesagt: Sicherheit zuerst. Der erste Aufschlag sollte deshalb nur dann mit voller Kraft geschlagen werden, wenn man einen sicheren und guten zweiten Aufschlag hat. Ein langer, platzierter, etwas langsamerer erster Aufschlag wäre sonst dem riskanten vorzuziehen. Dies gilt natürlich noch viel mehr für den zweiten Aufschlag, der darüber hinaus unbedingt mit absichtlichem Drall gespielt werden sollte.

Die bevorzugte Zielrichtung sollte für beide Aufschläge, aber vor allem für den zweiten Aufschlag, die Seite mit dem schwächeren Rückschlag des Gegners sein. Im Zweifel ist dies die Rückhand, denn der Return von dort ist aus bekannten technischen Gründen (siehe S. 123) schwieriger als auf der Vorhandseite.

In diesem Zusammenhang sind unter anderem zwei Dinge zu berücksichtigen: die genaue Position des Aufschlagenden und die Auswirkung der Platzierung des aufgeschlagenen Balles auf den Return.

Genaue Position des Aufschlägers hinter der Grundlinie

Die richtige Stellung kann das Erreichen eines bestimmten Schlagzieles bedeutend erleichtern. Wer zum Beispiel auf die Rückhandseite des Gegners aufschlagen will, sollte beim Aufschlag von rechts dies sehr nahe am Mittelstrich, beim Aufschlag von links

Aufschlag

verhältnismäßig weit weg vom Mittelstrich tun (ca. $1^1/_2$ m).
Will man eine bestimmte Aufschlagart einsetzen, kann es umgekehrt sein. Zum Slice-Aufschlag von rechts z. B. empfiehlt es sich, von weiter außen aufzuschlagen, was die Wirkung des Slice unterstützt; von links dagegen nahe am Mittelstrich.

Auswirkung der Schlagrichtung

Die Richtung des Aufschlags beeinflusst die Richtung des zu erwartenden Returns, d. h., der vom Aufschläger abzudeckende Raum variiert. Aus der Grafik kann man folgendes entnehmen:

Die vom Aufschläger (A) gegen den Return abzudeckende Laufstrecke verändert sich absolut gesehen kaum, unabhängig davon, ob man nach Punkt 1 oder Punkt 2 aufschlägt. Die Summe der Strecken a1 und b1 (Aufschlag auf Punkt 1) bzw. a2 und b2 (Aufschlag auf Punkt 2) sind etwa gleich lang. Das Verhältnis zwischen a1 und a2 bzw. b1 und b2 hat sich jedoch deutlich verschoben.
Während beim Aufschlag auf Punkt 1 der Aufschläger zur Vorhand oder Rückhand hin etwa gleich viel Raum abzudecken hat, wird mit dem Aufschlag nach Punkt 2 das mit Vorhand abzudeckende Feld größer, das zur Rückhand hin kleiner. Das Gleiche gilt sinngemäß auch beim Aufschlag von links. Das bedeutet:

- Wenn die Vorhand zum Rückschlag des gegnerischen Returns

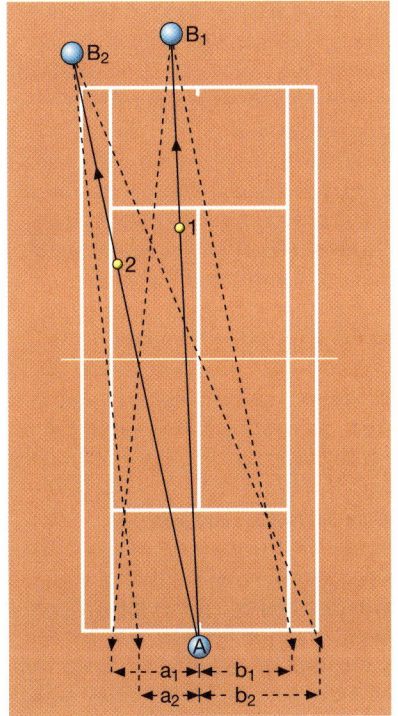

Die Auswirkung der Aufschlagrichtung auf die zu erwartenden Returns

mehr eingesetzt werden soll, schlägt man von rechts nach außen, von links nach innen auf.
- Will der Aufschläger seine bessere Rückhand mehr einsetzen, soll er gerade entgegengesetzt handeln.

Bei all diesen taktischen Überlegungen muss natürlich auch die Platzoberfläche berücksichtigt werden. Dazu könnte man pauschal sagen: Auf langsamen Plätzen (Sandplätzen) sollte der erste Aufschlag von rechts

Einsatz der Taktik

(z. B. 30/30) vorwiegend nach innen, zur Aufschlagmittellinie, beim Aufschlag von links (z. B. 15/30) vorwiegend nach außen, zur Außenlinie gespielt werden.

Auf schnellen Plätzen dagegen sollte von beiden Seiten eher nach außen aufgeschlagen werden. Da man auf schnellem Boden dem Aufschlag oft zum Netz folgt, ist auch der ins freie Feld gespielte Flugball – also in die entgegengesetzte Ecke, aus der der Ball kommt – viel wirkungsvoller als auf dem langsamen Platz.

Aber auch hier gilt: Ausprobieren!

kung nicht unterschätzt werden. Während die in die Ecken gerichteten Aufschläge etwas kürzer sein können, ohne dass sie viel an Wirkung verlieren, muss der Aufschlag auf den Mann dagegen lang sein, da es sonst zu einfach wäre, nach links oder rechts auszuweichen, um einen guten Return zu spielen. Man soll aber nicht verzweifeln, wenn man zunächst das Tempo noch nicht kontrollieren kann. Mit Training erreicht man, dass der erste Aufschlagversuch – möglichst auf die schwächere Seite platziert – immer sicherer wird.

Der gerade Aufschlag

Der gerade Aufschlag ist nur als schneller Schlag wirkungsvoll. Er sollte daher ausschließlich als erster Aufschlag verwendet werden. Langsamer und sicherer ausgeführt verliert er jegliche Gefährlichkeit und lädt geradezu zum aggressiven Return ein. Als zweiter Aufschlag fällt er damit praktisch aus.

Als erster Aufschlag ist er sowohl nach außen sehr effektiv – er treibt den Gegner aus dem Platz – als auch nach innen, wo ein Ass sich meist leichter verwirklichen lässt (das Netz ist in der Mitte niedriger). Trotzdem sollte man den geraden Aufschlag nicht nur für Aufschläge auf Vor- oder Rückhand verwenden.

Gerade der harte erste Aufschlag auf den Körper, der für den Rückschlag besonders schnelles Reagieren erforderlich macht, sollte in seiner Wir-

Der Slice-Aufschlag

Der Slice-Aufschlag wird auf Sandplätzen meist nur als zweiter Aufschlag verwendet. Auf schnellen Böden dagegen (Hartplatz, Teppichboden usw.), die seine Absprungeigenschaften betonen, kann er auch als erster Aufschlag regelmäßig eingesetzt werden. Dazu wird der Slice schnell gemacht, was eine optimale Kombination von Drall und Geschwindigkeit ergibt. Dies gilt speziell beim Aufschlag von rechts auf die Vorhandseite, der noch mehr als der gerade Aufschlag das gegnerische Feld öffnet.

Als Variante sollte der Slice-Aufschlag von rechts nach innen nicht vergessen werden, da er sich durch seinen Seitwärtsdrall auf den Körper des Gegners zudreht und nur schwer zu retournieren ist.

Aufschlag

Äußerst konzentriert: Patrick Rafter beim Aufschlag

Einsatz der Taktik

Der Twist-Aufschlag

Aufgrund seiner Flugbahn – er fliegt höher übers Netz als die beiden anderen Aufschläge – ist er vor allem als sicherer zweiter Aufschlag von unschätzbarem Wert. Speziell auf Sandplätzen, die das hohe Wegspringen des Balles verstärken (Bremseffekt), ist er besonders wirkungsvoll: Er zwingt den Gegner, den Ball sehr hoch zu treffen (technisch sehr schwierig) oder dazu, sehr weit hinter der Grundlinie zu retournieren, was ihn stark in die Defensive drängt. Auf schnellen Plätzen dagegen verliert er einen Großteil seiner Gefährlichkeit, da er dort erheblich flacher abspringt.

Generell ist noch zu bemerken, dass es keine lupenreine Aufschläge gibt. Der gerade Aufschlag wird immer etwas Drall haben, zum Vorwärtsdrall vom Twist kommt Seitendrall usw. Der gute Spieler strebt diese Mischung bewusst an, richtet sich nach der Bodenbeschaffenheit, so dass er, speziell als zweiten Aufschlag, auf glattem Boden eher einen Slice-Twist, auf langsamerer Oberfläche dagegen einen Twist-Slice zu produzieren versucht.

Wichtig:

Zum ersten Aufschlag: Er muss möglichst oft ins Aufschlagfeld. Durch regelmäßiges Aufschlagtraining erreicht man diese Sicherheit.

Zum zweiten Aufschlag: Er soll möglichst mit Drall gespielt werden und lang sein. Dann ist er schwer zu retournieren.

Häufige taktische Fehler beim Aufschlag

- zu wenig Varianten der Aufschläge, d. h., an Richtung, Tempo und Aufschlagart kann sich der Gegner schnell gewöhnen
- zu geringe Trefferquote des ersten Aufschlages, d. h. zu hohes Risiko

Return

Einsatz des Returns

Die wichtigste Aufgabe des Retournierenden ist, den Ball ohne Fehler übers Netz zu schlagen: Der direkt verpatzte Rückschlag entspräche nämlich exakt dem Doppelfehler.

Die Hauptvoraussetzungen für gutes Retournieren sind: äußerste Konzentration und die richtige Ausgangsstellung.

Um die optimale Return-Ausgangsstellung einnehmen zu können, muss man den Gegner beim Aufschlag sorgfältig beobachten. Das bezieht sich sowohl auf das Hochwerfen des Balles (evtl. unterschiedlicher Ballwurf zum geraden Aufschlag, Twist oder Slice) als auch darauf, wohin sich der Gegner zum Service stellt. So kann man, wenn notwendig, seine Return-Ausgangsstellung anpassen. Schlägt er bei 15/15 z. B. von weiter links auf (aus Sicht des Rückschlägers), kann man etwas mehr nach rechts rücken, um den vermutlich auf Vorhand ankommenden Aufschlag besser abzudecken. Umgekehrt kann man unter Umständen den Gegner dazu »zwingen«, in die Ecke aufzu-

Return

schlagen (vor allem bei dessen zweitem Aufschlag), aus der man am besten retourniert. Dazu sollte man den Teil des Aufschlagfeldes »ungedeckt« lassen (etwa im Verhältnis zwei Drittel zu einem Drittel), den man angespielt haben möchte, d. h., man stellt sich nicht auf die bekannte Winkelhalbierende (siehe Grafik S. 121), sondern 1 m links oder rechts daneben. Der Gegner wird meist versuchen, trotzdem auf die jetzt sehr eng begrenzte, schwache Seite aufzuschlagen, was selbst dem guten Spieler schwerfällt, d. h., ein Großteil der Aufschläge wird nun bei der stärkeren Returnseite landen.
Achten Sie dabei jetzt aber auch auf den ganz bewusst nach außen auf Ihre starke Seite gesetzten Aufschlag. Dahin wird der erfahrene Kontrahent aufschlagen, um Sie wieder zur Mitte in die »normale« Return-Stellung zurückzuholen.

Der defensive Return

Gegen einen sehr guten Aufschlag heißt die Devise: zurück mit dem Ball übers Netz, egal wie. Dazu ist ein technisch einwandfreier Schlag oft nicht möglich. Je härter der gegnerische Aufschlag ist und je weniger deshalb Zeit zum Ausholen beim Return gegeben ist, desto eher empfiehlt es sich, nur ganz kurz auszuholen und den Ball »abzublocken«. Es ist schon ein Erfolg, wenn der Gegner keinen direkten Aufschlagpunkt gewinnt.

Der »normale« Return

Gegen einen »normalen« Aufschlag kann auch ein »normaler« Return gespielt werden.
Der Ball soll sicher, also nicht zu flach (riskant), zurückgespielt werden, wenn der Aufschläger an der Grundlinie bleibt.
Der Ball soll kurz auf die Füße des Angreifers gesetzt werden, wenn dieser mit dem Aufschlag ans Netz geht. Die Alternative dazu ist ein Lob. Den Lob soll man auch dann hin und wieder einsetzen, wenn man vom Aufschlag des Gegners aus dem Platz getrieben wurde. Man gewinnt so Zeit, die Grundlinien-Ausgangstellung wieder einzunehmen.
Ist der Aufschlag auf die Mittellinie gerichtet, ist es gleich, ob der Return auf die Rückhand- oder Vorhandseite zurückgespielt wird: Die eigene Platzhälfte ist gegen den nächsten Ball des Gegners ausreichend abgedeckt.
Empfehlung: Auf die schwächere Seite des Gegners returnieren.
Ist der Aufschlag nach außen gerichtet, ist der in die Mitte gezielte Cross der sicherste Return. Der Schlag, der vom Aufschläger von dort zurückgespielt werden kann, ist vom Return-Spieler gut abzudecken.
Wirkungsvoller ist sicher der Longline-Return, vor allem, wenn der Gegner ans Netz läuft. Man zwingt diesen, sich bis an die Grenze seiner Reichweite zu strecken und verleitet ihn so zu Fehlern.
Dieser Rückschlag ist jedoch auch riskanter, denn nicht gut ausgeführt ist

Einsatz der Taktik

das Feld offen für den Cross-Flugball. Auf keinen Fall sollte daher der Return vor die Füße des Angreifers im Repertoire fehlen, zumal er – aus Sicht des Netzspielers – ein besonders unangenehmer Rückschlag ist. Die Alternative dazu ist auch hier der Lob.

Der offensive Return

Den weichen, zu kurzen, oft auch schlecht platzierten zweiten Aufschlag des Gegners sollte man so behandeln wie einen zu kurz geratenen Grundlinienschlag: als Aufforderung zum Angriff, als Möglichkeit, Druck zu machen. Zu diesem Return rückt man ein, zwei Schritte auf, stellt sich gut und schlägt den Ball mit Tempo in die Ecke und bleibt, je nach Situation, hinten oder folgt ihm ans Netz.
Gegen den schwachen Aufschlag soll man, wenn irgend möglich, den starken Schlag, z. B. die Vorhand, einsetzen. Dazu muss man dann eventuell um die Rückhand herumlaufen. Erstaunlichen Erfolg kann man mit einem eingestreuten Stopp-Return haben. Gerade nach einem schwachen zweiten Aufschlag wird der Gegenspieler einen guten Stoppball kaum erreichen.
Geschwindigkeit, Schlagart und Schlagrichtung des Returns müssen, wenn Sie taktisch richtig spielen wollen, variiert werden. Darauf sollten Sie unbedingt achten.

Häufige taktische Fehler beim Return
- zu riskante Returns
- keine Variation
- kein Aufrücken zum zweiten Aufschlag, d. h. keine Verbesserung der Schlagposition

Hinweis: Mit welchem Griff (Vor- oder Rückhandgriff) man übrigens den Ball zum Return erwartet, ist im Prinzip egal. Vielleicht empfiehlt es sich jedoch, den Griff des Schlages zu wählen, der eventuell Schwierigkeiten macht. Man ist dann für diesen Schlag stets bereit.